西郷隆盛
に学ぶ
最強の組織を作る
100のルール

沢辺有司

彩図社

はじめに

西郷隆盛がいなければ、明治維新という日本の革命はなかったのではないか――。これは、戦前のキリスト教思想家・内村鑑三が『代表的日本人』で指摘していることである。

もちろん明治維新は西郷ひとりによるものではない。

尊王攘夷運動の精神的支柱となり幕末・維新のリーダーを育てた吉田松陰をはじめ、薩長同盟をまとめて大政奉還のシナリオを描いた坂本龍馬、長州藩の倒幕運動をリードした高杉晋作、また江戸城無血開城を実現した勝海舟など、多くの志士たちの奮闘があった。

ただし、これらの人物のだれかが欠けていたとしても、明治維新があっただろうことは想像できる。しかし、もし西郷がいなかったことを考えると、明治維新は想像できないのである。

西郷は、幕末の重要な局面で必ず登場し、ものごとを前進させる役割をになった。尊王攘夷か、公武合体か、幕府維持か、幕末の志士たちが対立し、混乱が増幅するなかにあって、対立を収拾し、自らの責任のもとに決断し、実行した。維新にむけて力強い「推進力」をあたえていたのは西郷だけである。

幕末の混乱が長引けば、日本の国力はおとろえ、欧米列強につけいる隙をあたえていただろう。混乱を収拾し、国内体制の大転換を強力に推進したという意味において、西郷のリーダーシップはあらためて輝かしくうかびあがるのである。

本書では、そんな西郷隆盛という特異なリーダーの姿を、彼が残した言葉からときほぐしていく。『西郷隆盛に学ぶ　最強の組織を作る100のルール』と題して、西郷流のリーダーの教えを「100のルール」という形にまとめた。

西郷は著書を残していない。なので、西郷の言葉にふれることができる媒体は限られている。まずは旧庄内藩の人たちが彼の肉声をまとめた『西郷南洲翁遺訓《さいごうなんしゅうおういくん》』があり、あとは西郷が残した書簡や漢詩などとなる。本書ではそのほか、佐藤一斎の『言志四録』から西郷が101の言葉を厳選した『南洲手抄《しゅしょう》言志録《げんしろく》』や、現代の作家の著作から引用し、「超訳」という形で西郷の言葉を現代的に再現した。なによりも西郷の思想の真髄を伝えることを心がけている。「100のルール」にはそれぞれ、西郷の人生におとずれた多くの人々との交流やエピソードをまじえながら解説を加えている。

西郷にはふところの深い魅力がある。その人物像を一言で言いあらわすことはむずかしい。読者一人ひとりが、それぞれに何かを感じとり、学んでいただければ幸いである。

西郷隆盛に学ぶ
最強の組織を作る100のルール

◆

目次

西郷隆盛関係略年表

1827（文政 10）年	12 月 7 日、薩摩（鹿児島）の城下、下加治屋町で、父・西郷吉兵衛、母・マサの長男として生まれる。幼名は小吉。
1844（弘化元）年	郡方書役助となる。のちに書役に昇進。
1849（嘉永２）年	薩摩藩内部の権力闘争、お由羅騒動が起きる。
1851（嘉永４）年	島津斉彬が藩主となる。
1852（嘉永５）年	斉彬に農政建白書を提出。
1854（安政元）年	斉彬の参勤出府にしたがい江戸に出る。庭方役に昇進。藤田東湖と知り合う。
1855（安政２）年	斉彬の命により、一橋慶喜将軍擁立工作を行う。
1858（安政５）年	斉彬急死。島津忠義が藩主となり、父・久光が実権をにぎる。僧・月照と入水自殺をはかるが、西郷だけ助かる。奄美大島行きを命じられる。
1859（安政６）年	愛加那を妻にむかえる。
1862（文久２）年	鹿児島帰着。久光の上京の先発として下関へ。待機命令にそむき、徳之島流罪。さらに沖永良部島流罪。
1864（元治元）年	藩令により京都へ。薩摩藩外交軍事の総指揮をとる。禁門の変で長州軍と戦う。第 1 次長州征伐を中止に持ち込む。
1865（慶応元）年	糸子と再婚。
1866（慶応２）年	坂本龍馬の仲介で薩長同盟成立。英国軍艦プリンセス・ロイヤル号で英公使パークスと会見。
1867（慶応３）年	大政奉還。王政復古の大号令発布。新政府の参与となる。
1868（明治元）年	鳥羽･伏見の戦い。幕府追討軍の総参謀として江戸に向かう。山岡鉄太郎につづき、勝海舟と会見。江戸城総攻撃を中止。東北戦争をしずめる。庄内藩に寛大な戦後処理をする。
1871（明治４）年	明治新政府の参議になる。廃藩置県断行。岩倉使節団海外視察中の留守政府をあずかる。
1873（明治６）年	陸軍大将兼参議になる。征韓論にやぶれ辞表を提出。
1874（明治７）年	鹿児島に私学校、砲隊学校を設立。
1875（明治８）年	吉野開墾社を結成。
1877（明治 10）年	私学校生徒が火薬庫襲撃、西郷を擁して挙兵（西南戦争）。熊本鎮台を包囲するが、政府軍に鎮圧される。9 月 24 日、郷里の城山で自刃。享年 51。

西郷隆盛周辺人物相関図

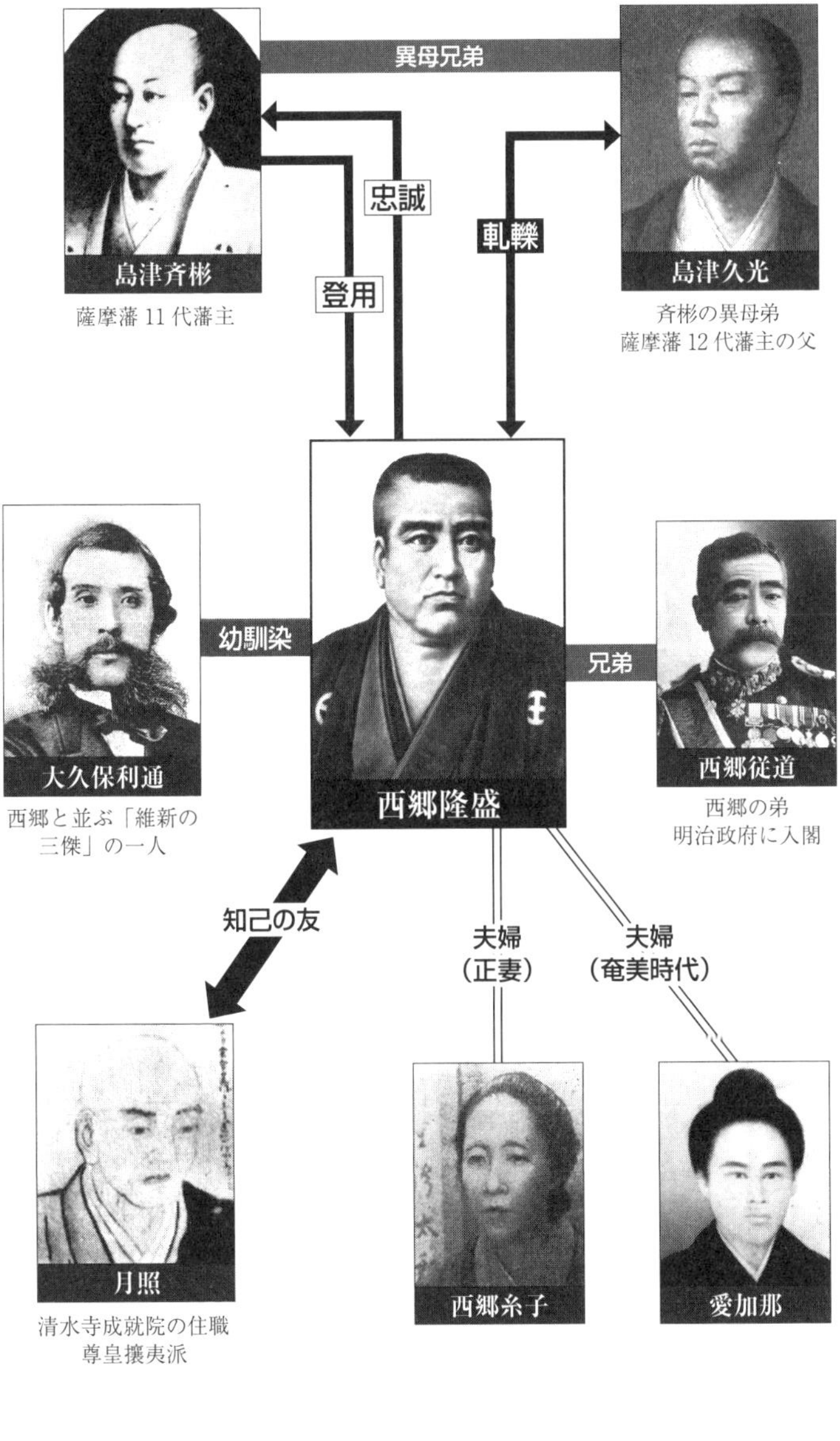

第1章　リーダーとしての心構え

1

秘密主義のリーダーは自分に自信がないのです。

『西郷南洲翁遺訓』

徳川幕府は、黒船の脅威を人々にひた隠しにした。いかに軍事力が西洋より劣り、幕府が危ういかということを知られたくなかったからだ。

西郷は、そのような「秘密主義のリーダーになるな」と言っている。

なぜ秘密主義になるかというと、結局、自分に自信がないからだ。自信がないので、都合の悪いことはふせる。とりあえず自分を守るための防衛行動に走る。

大事なことは、まずは目指すべきビジョンを明確にすることだろう。ビジョンを組織全体で共有し、同じ方向に進む。これができれば、秘密にすることはなくなる。

いかにライバルの技術や製品、サービスが優れていても、それで自信が揺らぐことはなくなる。自分たちには自分たちが目指すべきビジョンがあるからだ。地に足をつけて、自分たちのビジョンに沿って行動すればいい。

学ぶところは学んで、取り入れられるものは取り入れる。何でも焦ってトレンドを追い求めているようでは、ビジョンがないということ。自分を見失っている。

2

自分の欠点を見つけて
自覚することです。

『西郷南洲翁遺訓』

自分の欠点を指摘されて、「ありがとう」と感謝し、素直に改善できる人はなかなかいない。

「そんなこと言われなくても、わかってるよ」と腹のなかで思う。

部下から言われたら、なおさらである。感謝するどころか、「よくも生意気なことを」と憤慨する人もいるだろう。しかし、こんなリーダーではいけない。

人はなぜ欠点を指摘されてイライラするのか？　自分には欠点がない、完全だと思っているからだ。リーダーならば、部下より劣る点などないと思い込んでいるものだ。

しかし、この世に完全な者などいない。完璧なリーダーなどいない。常に自分の欠点を見つけて、自覚し、謙虚に学ぶ姿勢が大切である。

自分は完全だと思い込み、聞く耳をもたないリーダーのもとでは、部下は無口になる。リーダーの欠点がわかっていても言わなくなる。リーダーとして見捨てられていく。そして組織は弱体化する。

本当に強いのは、欠点のないリーダーではない。欠点を自覚しているリーダーだ。

3

部下をかわいがるんじゃない。

『偶成』

西郷が家訓とした有名な言葉である。

征韓論争（Ｐ１０７参照）以前の激務をこなしていたころに書かれた漢詩の一文「児孫のために美田を買わず（不為児孫買美田）」が原文で、「子孫のために財産は残さない」というのが直訳だ。

財産を残すと、子供たちはそれにたよった楽な生き方をしてしまう。だから、あえて財産は残さず、苦労をさせるべきである。このような意味が込められている。

西郷自身、二度の島流し、月照《げっしょう》との入水自殺未遂（Ｐ52参照）など、多くの苦労をした。苦労をへて人間として成長し、強い信念が養われた。

現代のリーダー論に解釈し直せば、大事な部下にこそ苦労をさせるべき、ということになるだろう。苦労を乗り越えた部下は成長する。ひいてはそれが組織の強化につながる。

もちろん、お気に入りの部下だけを贔屓し、かわいがる、なんてことはもってのほか。リーダーの求心力が低下するだけだ。

4

言ったことと違うと思ったら
見限ってもらって結構。

『西郷南洲翁遺訓』

1871（明治4）年、西郷は旧庄内藩家老の菅実秀《すげさねひで》らの訪問をうけた。そこで述べたのが、先に紹介した「児孫のために美田を買わず」の名訓（P17参照）である。

このとき、西郷はつづけてこう言っている。

「もし私が言ったことと違うと思ったら、見限ってもらって結構」

世の中には、言ったこととやっていることが違う人がいる。政治家の類には特に多い。

自分で言ったことは必ずやる。簡単なようで難しい。しかし、これこそがリーダーに求められる大事な心構えだ。この心構えを持つことで、言葉にも重みが増す。言ったことをやることで、人々の信頼も深まる。

戦前の東洋思想家で、西郷の精神をもっとも受け継いでいるといわれる頭山満《とうやまみつる》という人物がいる。彼はこう言った。

「西郷の偉いところは、口で言うばかりでなく自分で言ったことは必ず実行したことだ」

そして、「知行合一の英雄」と西郷のことを讃えた。

5

私心をはさんではいけません。

『西郷南洲翁遺訓』

「政府にあって政治を行うこと。これは天の道を行うこと。だから、私心をはさんではいけない」

西郷はこう述べている。彼の政治思想がここに凝縮されている。

「天の道」は政治に限ったことではない。人によっては、学問であるし、仕事である。学問や仕事も、自分に与えられた使命である。世の中のため、人々のためだと思って取り組むのである。これが「天の道を行う」ということである。

リーダーは、組織を束ね、プロジェクトを遂行する。このとき、自分の出世を気にかけたり、自分のアイデアを押し通そうとしたり、自分が懇意にしている取引先を優遇したりしてはいけない。そのような私心をはさまないことだ。

まずは、このプロジェクトはみんなから与えられた使命だと自覚し、プロジェクトの完遂に向けて組織のパフォーマンスを最大限に発揮することを最優先で考える。

私心を一切はさまない。自己犠牲の精神がリーダーには求められる。

6

みだりに真似をしないことです。

『西郷南洲翁遺訓』

欧風化の波が襲う。

明治維新後の日本は、欧米各国の進んだ制度をとりいれて、文明を興すことに躍起になっていた。しかし、何でも外国の真似をすればいいというわけではない。

西郷は言う。

「まずは日本という国の基礎をかためて世のしくみをつくり、そのうえで徐々にゆるやかに外国の長所をとりいれるべきです」

みだりに真似をしないこと、と警鐘を鳴らす。

「みだりに真似をしていたら、国は衰え、本来の良い風俗習慣はすたれ、それを正す方法もなくなる。しまいには、外国によって押さえられ、主体性も失われます」

近代化以降、日本の国づくりは基本的に欧米を手本にしている。その出発点に立ち会った西郷は、外国の真似をすることの危険性、それによって失われるものの貴さを感じていた。

これはビジネスにも通じる哲学である。成功モデルを真似することは簡単だが、まずは自分たちの土台をかためることが大切である。そして、真似をするにしても、急激にはしない。自分たちの良さを見失わないように心がけたい。

7

失敗したら自分が悪かったと言いなさい。
成功したら他人の功績にしなさい。

『西郷南洲翁遺訓』

人間は弱い。失敗しても、自分の責任だと素直に認められない。無意識のうちに、他人にその責任をおしつけたくなる。

しかし西郷は、これではリーダーの資格なし、と断じる。

「失敗したら自分が悪かったと言いなさい」

自分の失敗なら当然、「自分が悪かった」と謝る。たとえ明らかに部下の失敗であっても、「俺の責任だから、気にするな」と、その責任を一身に受ける度量がほしい。それによって部下の心も救われる。

そして、なぜ失敗が起きたのかを反省する。自分のどこが悪かったのか。部下の失敗でも、そこには自分の教育ミスがあったかもしれない。負荷がかかりすぎていたかもしれない。組織に欠陥があったかもしれない。リーダー自らが反省することで、部下の業務のやり方や組織のあり方が修正される。

さらに大事なことは、成功したときには、自分の功績としないこと。たとえ自分の功績であったとしても、あくまでも部下に花をもたせる。それによって部下は自信を持ち、成長することができる。

ここまでできる人間はなかなかいないかもしれないが、ぜひ学びたい心構えだ。

8

お前が校則になれ！

『西郷隆盛人間学』

幕末の薩摩藩士で、明治新政府の陸軍少将を務めた篠原国幹《しのはらくにもと》という人物がいる。篠原は9歳年上の西郷を信奉し、政府内で起きた征韓論争（P107参照）にやぶれた西郷にしたがい、いっしょに辞表を出して鹿児島に帰郷した。

1874（明治7）年、西郷はその篠原に私学校の監督（校長）を託す。

この私学校は、西郷が旧薩摩藩の厩跡《うまやあと》に建設した銃隊学校で、士族の軍事訓練の場となった。明治維新への貢献に対する褒賞金、二千石すべてをつぎ込んで運営された。生徒数は500～600名いたとされる。

学校には校則が必要である。篠原は西郷に尋ねた。

「私学校の校則はどうしましょうか？」

すると西郷は、じろっと見て、

「そうだな。お前が校則になれ」

と言い放った。どういうことだろうか？

教育とは、規則でしばるものではなく、人が教えるもの。人が手本となり、それを見て育つ。校則などに頼る必要はないということだ。これが西郷の教育観である。

社内規定やマニュアルに則った社員教育も必要だが、大前提として、上の者が社員の手本とならなければいけない。マニュアル作りに勤しむ前に、自分の行動やふるまいが、下の者の手本となっているかどうか、その自覚を持つことが大切である。

9

恨みの心からは何も生まれません。

『西郷南洲翁遺訓』

何か都合の悪いことが起きると、恨みの心が生まれる。

「あいつに任せたから、大事な契約に失敗したんだ」

「社長がもう少し柔軟に俺の企画を認めてくれれば、今ごろ大成功したのに」

何かと他人への恨みはたえない。しかし、西郷は鋭く言い放つ。

「他人に対する恨みの心からは何も生まれません」

確かに、他人を恨んだところで、物事が改善したり解決するわけではない。

もしかしたら、自分にも至らないところがあるのかもしれない。それなのにいつも他人を恨んでいては、自分の非に気づかないし、自分の成長にもならない。

では、どうすればいいのか？

「人を相手にするのではなく、天を相手にするのです」

これが西郷の答えだ。

つまり、他人のことは脇に置いておいて、まずは自分が信じる道を進んでいるかどうかだけを考える。西郷の言う「天」とは、「自分の信じる道」と解釈できる。他人を恨む人になるのではなく、自省する人になりなさい、というのが西郷のメッセージだろう。

「部下へのサポートが足りなかったのではないか」

「誰もが納得できるデータを示していなかったのではないか」

自分の至らなかったところを見極める。そこに大事なヒントが隠されている。

10

仕事の価値を
そこから得られた利益の多い少ないで
決めるのは誤りです。

『西郷南洲翁遺訓』

仕事の価値というのは何で決まるのか？　利益の大きさだろうか？
「いや、違う」と西郷は言う。そこに「真っ直ぐで純粋な思いがあるかどうかが問われる」と語る。「困っている人たちを助けたい」「世の中を良くしたい」など、そうした純粋な思いのある仕事というのは、必ず人々の心を打ち、称賛される。

西郷が例にあげるのは、曾我兄弟の仇討ち伝説だ。南北朝時代に『曾我物語』にまとめられた話で、謡曲や浄瑠璃、歌舞伎などの題材にもなっている。

ある所領争いから河津祐泰《かわづすけやす》が工藤祐経《くどうすけつね》に殺される。祐泰の息子、十郎と五郎の幼い兄弟は、父の無念を晴らしたいという一心でそのときをうかがった（兄弟は、母が曾我祐信《そがすけのぶ》と再婚したため、一般に「曾我兄弟」と呼ばれる）。18年後の1193（建久4）年、工藤祐経が源頼朝と富士で狩りをすると聞きつけた兄弟は、真夜中に強襲し、工藤を刺した。兄はその場で御家人たちに討たれ、弟も頼朝の前へ引き出され、首を刎《は》ねられた。しかし、兄弟にしてみれば、仇討ちを果たしたことが全てであって、自分たちの命はどうでもよかったのである。

生涯にわたって貫かれた純粋な思いを遂げたからこそ、曾我兄弟の仇討ちは人々の心を動かすのである。古くから幾度となく起きてきた仇討ちのほとんどは、実際には自分の出世や利益を目論んだもので共感は得られないが、曾我兄弟は違う。

仕事についても同じことである。そこに純粋な思いがあるかどうか、そこを見極めるべきだろう。利益のみを追求するような仕事の仕方をしていても誰からも称賛されないのだ。

11

やる気を起こすこと、
これが学問を進歩させる原動力です。

『南洲手抄言志録』

西郷は、江戸末期の儒学者・佐藤一斎の『言志四録』を暗唱するほど愛読した。とくに大事な言葉には印をつけている。その印をつけた１０１の言葉をまとめたものが『南洲手抄言《しゅしょうげん》志録《しろく》』である。ここに掲げた言葉は、そのなかの一つである。

「やる気」がなければ、勉強も仕事も長つづきはしないし、いい成果は得られない。まずはやる気を起こすことを根本に考えるべき、というものだ。

孔子は「憤を発して食を忘る」と言っている。「憤」とは奮い立つ心で、つまり「やる気」のことである。やる気があって物事に熱中していれば、つい食べることも忘れてしまうということだ。

ではどうやればやる気が起きるのか？　やる気を起こすには、志が必要である。志が大きく、志が高いほど、奮い立つ心は強くなる。

リーダーは、まずは大きな志を持ち、やる気を高めることを根本に考えよう。リーダーにやる気がある組織は活気があるし、何ごとにも負けない強さがある。

12

自分ならばどうしただろうかと模索し
行動をイメージするのです。

『西郷南洲翁遺訓』

かつての英雄や偉人、あるいは現代の名経営者や起業家のようになりたいと思う気持ちは大切だ。「あのような人物になりたい」という強い願いを持っていれば、それは「夢にさえあらわれるだろう」と西郷は言う。

中国周王朝の政治家で聖人にあげられる周公旦《しゅうこうたん》は、「徳を慕う気持ちが強く、明けても暮れても思い、それが夢となってあらわれるほどだった」という。

夢に見るほどまで強い気持ちがあるかどうか、ということだ。

ただ、気持ちだけでもいけない。西郷は言う。

「まず彼らの行動の足跡をしっかり観察し、その仕事の意味をよく知ることです。そして、自分ならばどうしただろうかと模索し、実際の行動をイメージするのです」

つまり、「あんな経営者になりたい」と思うだけではなく、彼らがくぐり抜けてきた危機や挫折に身を置き、「自分ならこうするだろう」という具体的な行動をイメージするのだ。そして、彼らがとった行動と比較する。すると、知力や戦略、度胸など自分には及ばない点が明確になり、学ぶべき道筋が見え、意識が高まる。

また、こうしたイメージトレーニングをしておくことで、思いがけない事態に出くわしたとしても、少しも動揺することなく対処することができる。イメージした行動をそのまま実践すればいいだけだからだ。

イメージと実践。これを繰り返すことで、リーダーとしての自力が蓄えられる。

13

上の者が金もうけに走ると
下の者も金もうけに走る。

『西郷南洲翁遺訓』

正義を重んじ、恥をわきまえる。この心がないと、利益ばかり追い求め、金もうけに走るようになる。上の者が金もうけに走ると、下の者もそれにならって金もうけに走る。卑しい心は上から下へ伝播し、組織は一気に腐敗していく。気をつけなければならない。

西郷自身、正義を重んじ、恥をわきまえていた。だから多くの同志を惹きつけ、その我欲のない澄んだ心は、ときに敵対する者をも惹きつけた。

1868（慶応4）年、西郷率いる徳川征伐軍は、天皇の詔勅を受けて官軍となり、いまにも江戸城へ攻め入ろうとしていた。このままでは江戸は血の海になってしまう。

あわてた幕臣の勝海舟は面識のある西郷に一通の手紙を出し、芝・田町の薩摩屋敷での直接会談をとりつけた。会談での西郷は、勝のことを「先生」と呼んで礼を尽くし、勝者の傲りを見せることは一切なかったという。そして、

「いろいろむつかしい議論もありましょうが、私が一身にかけてお引き受けします」

という西郷の一言で、江戸総攻撃中止と江戸城無血開城が決まった。西郷一人の裁量で、江戸の町と百万という人間の命が救われたのである。後日、西郷は勝との約束を信用して、たった一人で江戸城に乗り込み、開城させた。勝は、何らかの策略を講じることもできただろうが、西郷の正義の心にふれて、とても欺くことなどできなかったという。

つまり、正義の心は下の者だけでなく、敵をも変えてしまう。リーダーの心一つで、物事の様相は決まるのだ。

14

太平無事では目が覚めません。
目が覚めないと本当の進歩はありません。

『西郷隆盛人間学』

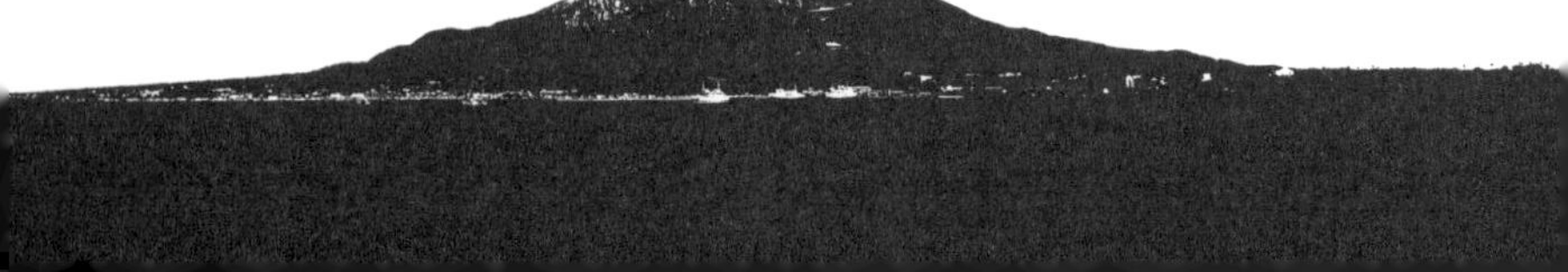

西郷は、軍備について次のように言及している。

「常備軍の兵力は財政のゆるす範囲で定めるべきです。決して無限の兵力をもって虚勢をはるようなことはしてはいけません。士気を高めて強い兵を養成しておけば、たとえ数は少なくても、外国との折衝にあたってなめられることはありません」

西郷の考える軍事力は、交戦して外国勢を打ちのめすためのものではなかった。あくまでも外国との交渉を対等に進めるためのものだった。そして、軍備費を増やして国民に過度の負担はかけられないから、少数精鋭の部隊とすることを理想とした。現実主義者の西郷は、現状から最善の方法を探っている。

西郷の外交方針は、主張すべきは主張するというもの。欧米列強とも、あくまで対等に渡り合う。当時としてはこの西郷の姿は、かなり好戦的に映ったようだ。しかし、それは誤解だ。

「世の中では俺のことを戦好きと言うそうだが、誰が戦を好むものか。戦は人を殺し、金を使うものだから、安易にしてはなりません」

ただ、こうも言っている。

「しかし、場合によっては戦もしなければいけません。太平無事では目が覚めません。目が覚めないと本当の進歩はありません」

倒幕運動では徳川征伐軍を指揮し、西南戦争では明治新政府に反旗を翻した西郷である。「口先だけでは物事が動かないことがある」という現実を知っていた。

15

どんなにつまらない人間にも
礼をつくすのです。

『西郷南洲翁遺訓』

西郷は、維新の志士たちの変わり果てた姿を見て嘆いていた。

彼らは、徳川の世を葬り、新しい政治をはじめたが、その途端、豪勢な屋敷に住み、衣服を飾り立て、美しい女をそばにおき、私財をたくわえることに執着するようになった。

「こんなことでは、戊辰の義戦が自分たちだけの栄華を求めた戦いだったと批判されても仕方ない。世間に対しても、戦死した同志にも申し訳ない」

西郷は、そう言ってしきりに涙を流したという。

どんな立派なことを成し遂げても、どんな高い地位についても、そこで天狗になって欲望に溺れてしまっては、品格の欠いた人と断じられても仕方ない。

品格のない人間にはリーダーになる資格はない。リーダーにはいつでも品格が求められる。

西郷は、リーダーとしての品格をこう定義している。

「自分をつつしんで、品行を正しくし、贅沢を戒め、倹約に努め、真面目に働き、人々の目標にならなければなりません」

いかなるときでも節度を守り、誰に対しても人の礼をつくす。目上の人に礼をつくすのはもちろんだが、下の者にも同じように礼をつくす。下の者が贅沢もできないのに、地位が高いからと贅沢をしてはいけない。そして、真面目に働くのは当然であるが、その仕事ぶりから、人々に気の毒に思われるほどでなければいけないという。

こうした品格を備えたリーダーが、人々の目標とされるのだ。

16

主体性がなかったら
バカに等しい。

『弟子に示す』

西郷はたびたび、行動することの重要性を説いている。

「賢者の本をただなんとなく読んでいるだけなら、それは他人が剣術をやっているのを脇で見ているのと同じです。少しも自分の身になりません。自分の身にならなければ、もし立ち会えと言われても、逃げるほかないのです」

本をただ読むだけでは何にもならないのだ。

本を読むにしても、自分というものを持って、自分が正しいと信じられる真理を見つけようという主体的な姿勢がなければ意味をなさないという。

『弟子に示す』という漢詩に、こうある。

「いくら古典を学んでも、主体性がなかったら、バカに等しい」

学問をするのは知識を増やすのではなく、さまざまな学説や考え方のなかから、自分なりの真理をつかむためである。真理をつかむことで、揺らぐことのない自分が形成される。

17

批判されてもチヤホヤされても、
世間の声に左右されて
道を外すことはもっとも恥ずかしい。

『西郷南洲翁遺訓』

世間の声というのはどうしても気になる。

出世して地位が上がり、収入も増えると、それを妬んで陰口をたたいたり、悪口を言う人がいる。そんな人のことを憎らしく思うし、悪口を真に受けて自信を失うこともある。反対に、すごいすごい、と持ち上げられると、いつのまにか踊らされて、横柄な態度になってしまうものだ。

しかし、本当に「正しい道」を行う者ならば、世間の声に惑わされることはない。批判を受けても、へこむことはないし、反対に、いくらチヤホヤされても、それで満足することもない。自らが進むべき「正しい道」を持っていて、それができるかどうかが本人の判断基準になっているからだ。

「正しい道」の究極の手本となるのが、古代中国の伯夷《はくい》である。

伯夷は、古代中国にあった殷《いん》の国の名家の子息で、王に仕える家柄だった。しかし、殷の王は暴君で、やがて周の王によってたおされる。周の王は立派な人物で、学識があり徳の高い伯夷を手厚く迎え入れようとした。伯夷にとってはありがたい話である。ところが、「二君に仕えることは、潔しとしません」と、伯夷はこの招きを断った。

それから山にこもった伯夷は、やがて餓死したと伝えられる。

いかなる力にも惑わされず、自分の道を貫き通した伯夷。この話は、中国唐代の韓文公が書いた「伯夷を讃える文章」にあるもので、西郷はじっくり読むことを勧めている。

18

世間をアッと言わせ
得意げになっている者がいるとしたら、
とんでもない未熟者です。

『西郷南洲翁遺訓』

「大金をかけて派手なしかけをつくれば、人々が喜ぶだろう」

「サプライズを演出して、注目度を上げよう」

そんな考えで仕事をする人がいる。世間の人々を驚かせたり、好奇心を満足させることを狙う。そこには「こんなことをすれば人々は騙されて騒ぐだろう」という卜心がある。

しかし、西郷ははっきり言う。

「正しい道を行う人は、大げさなことを好まないものです」

正しい道を行う人は、心がけを大事にする。大げさなしかけをつくれば、手っ取り早く実績や結果が得られるかもしれないが、そんなことは気にしない。自分が正しいと考えることを、地道に実直につづけるのである。

西郷自身、大向こうをうならせるようなことは一切しなかったし、世間をアッと言わせるような派手な勲功を上げたわけでもない。それでも後世の人々の尊敬を集めているのは、正しい道を行ったからである。

「世間をアッと言わせて得意げになっている者がいるとしたら、とんでもない未熟者です。よく戒めないといけません」

と西郷は言う。

自分より優れた人材を見つけたら
すぐさま自分が退き
ポストを譲る気持ちが必要です。

『西郷南洲翁遺訓』

自分よりも優れた人材を見つけたらどうするか？　能力的にも人格的にも明らかに自分よりも優れたものを持っている。組織としても、きっとその人物がリードすればより発展するだろう。

リーダーをしていると、いつかはそんな部下に出くわす。

そうであったなら、悩む必要はない。すぐさま自分が退き、自分のポストを潔く譲るべきである。西郷はこう語っている。

つまり、自分のポストに恋々とするのではなく、自分よりも組織全体の利益を優先する決断が求められるのだ。リーダーとしてはすごい覚悟であるが、これが本来あるべき姿ということだろう。

政界でも大企業でも、ポスト争いで見苦しい足の引っ張りあいをしている組織がある。そんな組織に未来はない。

西郷は、明治新政府で能力もないのにいつまでもポストにしがみついて贅沢な生活にふける役人たちを散々見てきた。これは、彼らに対するきびしい叱責の声だ。

20

人の上に立って羽振りを利かせていても
いつ立場が逆になるかわからない。
生贄の仔牛のように殺されてしまうかも
しれない。

『偶成』

倒幕という一つの大仕事をやり遂げた西郷は、故郷の鹿児島に戻る。そこで数年間、兵士たちの訓練に専念した。ところが、明治新政府の強い願いで東京に呼び出され、維新の功労者とともに参議という要職につくことになった。

自分には不釣り合いと思いながらも、大都会・東京での役人生活を余儀なくされる。それが数年後、政府内で起きた征韓論争にやぶれ、鹿児島に戻ることになる。再びあばら屋での貧乏暮らし。しかしそれは、西郷が望む穏やかな生活だった。

これは、そのころに読まれた漢詩の一部である。西郷自身、東京での役人生活は望んでおらず、高い俸給は自ら拒んで、「10分の1にしろ」と言った。それでも、世間から見れば都落ちだ。征韓論争に負けて追放されたという屈辱感と失望感はなかなか消えない。

「人の上に立って羽振りを利かせていても、いつ立場が逆になるかわからない」

これは、西郷が身をもって得た実感ではなかったか。

人の上に立つ以上、リーダーはいつこのポストを失うかもわからないという危機感を持つべきだ。何かと優遇されるその役職は、永遠につづくわけではない。

西郷は、不吉にもこう書いている。

「生贄の仔牛のように殺されてしまうかもしれない」

その悲劇の予感は的中する。のちに明治新政府の反逆者となる運命を引きうけた西郷は、西南戦争ではかなく散るのである。

21

相手のほうが力があるからと
自分の意思を曲げて言いなりになると
かえって軽蔑され、制圧されてしまいます。

『西郷南洲翁遺訓』

交渉事ではどうしても力関係が働く。相手のほうが力があるなら、言いなりになるのも仕方ない。交渉が決裂して大事な関係を失うよりはいい。

しかし、こんな考えでは、「かえって軽蔑され、制圧されてしまう」と西郷は叱咤する。どんな相手でも、自分の意思をはっきり伝えることが大事である。

ただ、簡単なことではないだろう。いざとなると腰砕けになるものだ。では、どうしたらよいか？「自分はどうなってもいい」という強い覚悟を持つことである。

西郷は、薩摩藩主・島津斉彬《なりあきら》に登用されたのが20代後半と遅く、二度の島流しにあっている。しかも、一度は命を投げ打った身である。

幕末、尊王攘夷派の中心でめざましい働きを見せていた京都・清水寺成就院住職の月照《げっしょう》が、幕府の大老・井伊《いい》直弼《なおすけ》ににらまれ、安政の大獄で逮捕の対象となった。西郷は彼をかくまって薩摩に逃げたが、島津斉彬のあとを継いだ島津久光は幕府ににらまれるのを恐れ、日向《ひゅうが》送りにした。事実上の惨殺処置だった。

親友の月照を裏切って惨殺などできないと西郷は、薩摩潟（錦江湾）に共に身を投げた。ところが、月照はそのまま水死したが、西郷は助けられ蘇生した。

死のうと思って死ねなかった西郷。月照の十三回忌に謳った漢詩で、自らを「土中の死骨」と揶揄している。一度は死んだ身。地位や名誉、命への執着を絶ったところに西郷はいる。だから、どんなことにも、どんな相手にも動じない、強い覚悟があった。

22

自分でなければだめだ！

『西郷隆盛語録』

「自分でなければだめだ！」と、率先して行動する。一見すると勇気と決断力がある立派な態度に思える。しかし、部下でもできることなら、任せるべきだろう。何でも自分がやらなければいけないと思うようでは、ただの独善家になってしまう。

西郷は、その人生において何度か「自分でなければだめだ」と、大胆な行動に出ている。しかしそれは、他にできる人間がいなかったときのことであり、それによって起こりうる悲劇や苦難を受け入れる覚悟ができていたときだ。二度目の島流しがそうだった。

薩摩藩の実権をにぎった島津久光は、西郷を情報収集役として先に送り出し、下関で待機するよう命じた。ところが、西郷が下関に着いてみると、「上方の志士たちは、久光が倒幕の軍を起こすと待ち望んでいる」という話を聞く。

完全な勘違いだった。久光は、志士たちを率いるような人物ではない。むしろ、自由気ままな脱藩志士たちを憎んでいて、手を結ぶことなどありえない。どうすればいいか悩んだ西郷は、志士たちの誤解を解くため、上方に向かうことにした。彼らを説得できるのは自分しかいない。「自分でなければだめだ」と行動した。

当然、久光は激怒。約束をやぶった西郷は、罪人として沖永良部島《おきのえらぶじま》送りとなる。しかし西郷に後悔はなかった。すべてはこの処罰を見越しての行動だったのである。

「どんなお咎めを受けても悔いはない」

下関から駆けつけた大久保にこう語ったという。

23

私にはとてもできない、
というのは卑怯です。

『西郷南洲翁遺訓』

昔の偉人や賢人の立派な足跡を見て、「とても自分にはこんなことはできない」「自分はこんな人たちのようにはなれない」と思うのは普通のことだろう。持って生まれた才能が違うのだから。

しかし西郷は、そのような言動は「卑怯！」と一喝する。

「とても私にできることではない、というような態度なら、戦いにのぞんで逃げるよりも、さらに卑怯です」

儒学の大家・朱子も同じことを言っている、と西郷は紹介する。

「さやから抜き放った白刃を見て逃げ出すような者は、どうにもならない卑怯者です」

自分も偉人や賢人に近づきたいという気持ちがあるのなら、まずはチャレンジすることだ。

せっかく貴重なチャンスを与えられているのに、「やったことがないので無理です」「そんな才能は私にはありません」「私には少し荷が重すぎます」などと断るようでは卑怯である。

確かに、あまりにも難しい仕事だと感じたら、失敗して周りに迷惑をかけないためにも、「断る」という判断をしたくなるものだ。

しかし、高い志を持っているのなら、逃げてはいけない。逃げずにチャレンジする。そうしなければ、道は開かれないままだ。

24

邪悪な人間どもを
なぜ恐れる必要があるのか。

『除夜』

明治維新後、各地で不平士族の不満が爆発し、反乱が頻発していた。明治政府が特に恐れていたのは鹿児島だった。帰郷した西郷を頂点に薩摩軍人の組織が拡大していたからだ。このまま鹿児島の西郷を放ってはおけない。西郷暗殺も画策された。

西南戦争の直接的なきっかけは、1877（明治10）年1月末、明治政府が私学校党の挙兵を警戒し、鹿児島にあった弾薬庫から武器や火薬をひそかに運び出そうとしたことである。これに気づいた私学校党が火薬庫を急襲して、別の場所に移動してしまった。

この急変を逗留先の大隅半島の小根占《こねじめ》で聞いた西郷が、「しまった！」と叫んで天を仰いだという話は有名である。

西郷が急いで帰る途中、加治木の肥後宅で休憩したとき、縁側で習字をしていた子供たちから筆を借り、書きつけたのが次のような内容の漢詩である。

「昨今世の中を苦しめる幾千幾百の邪悪な人間どもをなぜ恐れる必要があるのか。これまで口先たくみで心のねじれた虎豹の群れを切り抜けてきたではないか」

自分の意志とは違う方向に物事が転がりはじめていることはわかっていたが、もはや引き返すことはできない。ならばと、あえて自分の気持ちを奮い立たせようとする西郷の苦しい心情があらわれている。リーダーは、ときにこうした野生的な感情のままに動くことも大切である。相手がどんなに強い権力をにぎっていても、自分に正義があると思えば恐れる必要はない。

数日後の私学校の評議会。「私の命はお前たちに託そう」の西郷の言葉で挙兵は決まった。

25

孔子には金も地位もなかった。
しかし、三千人もの弟子がいた。
「道」とは、そういうことです。

『西郷南洲翁遺訓』

「正しい道」を行うのに、地位が高いか低いか、お金持ちか貧しいかは関係ない。正しい道を行うかどうかは、その人の心構え次第で変わることであって、社会的な地位や財力とは関係ないことである。

そう言う西郷が信奉するのは、古代中国の聖人たちだ。

理想的な君主として名高い堯《ぎょう》や舜《しゅん》は、社会的にもっとも高い地位につきながら、同時に「正しい道」を立派に行っていた。彼らが正しい道を行ったのは、高い地位にあったからではなく、人間的に正しい道を忘れない人たちだったからである。

一方、儒教を開いた孔子は、社会的には地位も財力もまったくなかったが、正しい道を実践していた。孔子は故郷の魯《ろ》の国で採用されず、勤め先を探して諸国を放浪したが、結局どの国でも相手にされなかった。そればかりか、しばしば困難に襲われ、無位無官のまま生涯を終えた。

ところが、そんな孔子には三千人もの弟子がいたという。弟子たちは、どんなときも正しい道を実践する孔子の偉大さに感服し、師と仰いで正しい道を学んだのである。

無位無冠の孔子に三千人の弟子がいた。「道」とはそういうことである。

第2章　成功をつかむ組織作りのルール

どれほど立派な制度をつくっても
それにふさわしい「人」がいなければ
意味がない。
何にしても「人」が第一の宝です。

『西郷南洲翁遺訓』

成功をつかむ組織は、どのようにつくるのか?

まずは、さまざまな制度の見直しが定石といえる。成果をきちんと評価するため評価制度を見直す。社員のモチベーションを高めるため賃金制度を見直す。実力主義で競わせるため昇格制度を見直す。このように、制度や方法をきちんと整備すれば、組織のパフォーマンスは上がると考えられる。

しかし、制度が立派だからといって、必ずしも成功するとは限らない。それというのも、制度を運営するのは「人」だからだ。西郷は、「どれほど立派な制度をつくっても、それにふさわしい人がいなければ意味がない」と言う。

そもそも経験が浅く、スキルも未熟で、やる気もない社員しかいない組織では、評価制度や賃金制度、昇格制度がいくら立派でもうまく機能しない。社員が制度の対象になるレベルにないからだ。制度改革よりも前に、彼らへの教育に力を入れるか、人の集め方を見直したほうがいいだろう。

まずは「人」である。それから「制度」である。「人」を第一に考えて組織づくりをするとよい。

自分を失うと、人を失う。
人を失うと、財産も失う。

『南洲手抄言志録』

人間は自分一人では何もできない。家庭生活にしろ、会社経営にしろ、国家運営にしろ、多くの人の協力があってはじめて物事は成り立つ。

会社では、社長や幹部、リーダーがいかに威張ってみても、部下の協力が得られなければ、彼らは無力である。当然、事業がとどこおり、生産があがらず、経営は破綻する。「人を失うと、財産も失う」ということである。

では、なぜ人を失ってしまうのか?

佐藤一斎によると、人を失う原因は「自分を失う」ことにあるという。「自分を失う」とは、明るくやさしく健康的で、正しい判断のできる正常性を失うことである。

自分を失うと、人を失い、財産も失う。自分を失うことが一切の喪失の原因になる。だから、いつでも正しい自分を持つことを心がけたい。

西郷はどんな危機的な状況でも、柔和で、落ち着いていた。決して感情的にならず、自分を失うことはなかった。これは簡単なようで、なかなかできないことである。

28

有能な人間ばかり
集まるわけがないのです。

『西郷南洲翁遺訓』

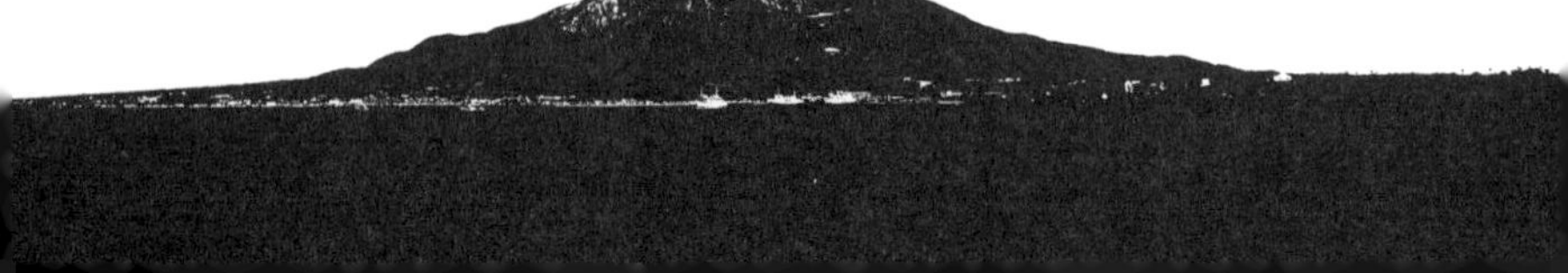

有能な人間を採用したい。有能な人間が集まれば当然、それによって組織のパフォーマンスは高まる。どこの組織でも考えることだ。

採用活動では、高い選考基準を設けて、一次試験、二次試験、三次試験となんどもふるいにかけ、有能な人材を見つけ出そうとする。しかし、そうしてみると、基準に合致した人間というのは、ほんの一握りも見つからないものである。

「なかなか有能な人材がいないものだ」と嘆いて、また採用活動を行う。人材不足が深刻化するこれからの日本では、ますますこうした悩みを抱える企業が増えるのではないか。

しかし、少し考え方を変えてみる。そもそも有能な人間が集まると、本当に組織のパフォーマンスは高まるのだろうか？

西郷は言う。

「世の中の人間の10人のうち、7、8人は普通の人です。むしろ、この7、8人の才能をうまく引き出して使いこなすことで、物事はスムーズに運ぶものです」

採用するときは、有能な人と普通の人をきびしく選別することに血眼になる必要はない。力を入れるべきはそういうことではない。普通の人を採用し、それぞれの人が持つ才能を見つけ、うまく発揮させてあげることのほうが重要なのである。

もう少し俯瞰して国家レベルで見てみると、国民のほとんどは普通の人である。普通の人が適材適所で活躍できる社会が理想である。西郷はそんな国家像を描いていた。

29

自分の才能だけにたよってはいけません。
仕事には人との協力、そして
他人の心を大切にする思いが不可欠です。

『西郷南洲翁遺訓』

才能豊かなリーダーほど、自分の才能にたよるところがある。全て自分で決断し、実行しなければ気がすまない。それで一時的にうまくいくケースもあるが、では、組織として成長していけるかというと疑問である。

一人でできる仕事などない。どんな仕事でも人との協力が不可欠である。

「部下にまかせるのが不安」「自分でやったほうが早いし成果もあがる」というのもわかるが、この態度は奢りでしかない。ときに部下の誇りを傷つけることにもなる。

西郷は言う。

「才能さえあればどんなことも思いのままにやれると思っている人がいるが、才能だけにたよった仕事は、危なくて見ていられません」

仕事には、才能だけではなく、誠実さも欠かせない。このことは西郷が教えを授かった肥後藩の御家老・長岡監物《けんもつ》が示した古語にもある。

「誠実さがなければ物事は動かないし、才能がなければうまくいかない。リーダーに誠実さがあれば発展し、才能が正しく生かされれば可能性は広がる。何事も才能と誠実さを持ってあたるべきである」

30

ただ一つだけ念を押したい。
勝ったからといって、高飛車になるな！

『西郷南洲翁遺訓』

庄内藩（現・山形県）は、代々徳川家に仕えた酒井忠次《さかいただつぐ》を藩祖とする譜代藩である。幕末には先頭に立って徳川家を守った。倒幕派の薩摩藩にとっては因縁の相手である。

倒幕派の本拠地となった江戸の薩摩藩邸は、庄内藩によって焼き討ちにあった。もっともこの焼き討ちは、西郷が仕掛けた挑発工作にまんまと庄内藩が乗ってしまったものである。さらに戊辰戦争では、庄内の地で両者は激しく戦っている。薩摩藩と庄内藩は、互いに激しい憎しみを抱える関係だった。

ところが、庄内藩の戦後処分にあたって、西郷は北越征討参謀の黒田清隆《くろだきよたか》にこのように言った。

「ただ一つだけ念を押したい。勝ったからといって、高飛車になるな。彼らを敗者として取り扱うのは、正しい人間がすることではない。戦では敵どうし戦わなければならなかったが、戦が終わってもなお敗者を痛めつけるなど、人の道に反することだ」

すると黒田は、庄内藩主・酒井忠篤《ただずみ》と一部の藩士に謹慎を命じるだけで、ほとんど罰を与えなかった。全員切腹を覚悟していた庄内藩士たちは、薩摩藩の寛大さと慈悲深さに感激し、薩摩憎しが一転、尊敬の念に変わったという。

救いの手の裏には、西郷という存在があったと知った彼らは、鹿児島を訪れる。そして、酒井をはじめ70名の家臣は、5ヶ月にわたって西郷の教えを受けた。この「鹿児島留学」のときの西郷の談話を中心に記録したのが、『西郷南洲翁遺訓』である。

だから同書は、幕末の仇敵・旧庄内藩の人たちによってまとめられているのだ。

31

部下が怠けているのをゆるして、
「自分は寛大である」とよそおっては
いけません。

『南洲手抄言志録』

この言葉は『南洲手抄言志録』の巻頭にある。それほど重い言葉である。リーダーが陥りがちな偽善性を戒めた言葉だ。

よく見かけるのが、部下が怠けていて、同僚のひんしゅくを買っているにもかかわらず、何も注意しないリーダーだ。何も注意しないことで、「自分は寛大である」とよそおっているが、これは寛大なのではない。ただ指導力がないだけである。

反対に、何からなにまで細かく指導して、部下が自分の思い通りに動かないことに我慢ならず、厳しく叱るリーダーがいる。それで、「部下のためを思って叱っている」などと言うのだが、これも正しい指導とは言えない。

また、「世のため人のため」などと言いながら、自分の私腹をこやすことに一生懸命になっているリーダーもいる。私腹をこやすのはいいが、ウソをついてはいけない。

心しておかないといけないのは、部下はこうしたリーダーの偽善性をしっかり見抜いていることである。部下は、そんなリーダーの言うことを真剣に聞かないし、真面目に仕事もしなくなるだろう。組織の崩壊は遠くないのである。

32

困難にあったら
ますます楽しむのです。

『西郷南洲翁遺訓』

「正しい道を行う者には、必ず困難が待ち構えている。これは、はじめから決まっていることです」

西郷はこのように言う。

つまり、「正しい道を行っているのに、困難にあうというのは理不尽だ」などと思うのは誤りである。正しい道を実践するからこそ、困難が降りかかるのだ。

では、困難にあったらどうするのか？

逃げてはいけない。真正面から受け止め、乗り越えようとすることが大切である。うまく処理しようなどと思わなくていい。仕事をうまく処理する人がいるが、そんな姿は真似しなくていい。正しい道を行うのに、うまいも下手もない。

西郷のアドバイスは、「困難にあったら、ますます楽しむこと」である。困難は苦しみではない。楽しむものだ。困難のなかに、生きる楽しみがあるのである。

西郷自身、若いころから数々の困難にぶつかってきた。しかし、いずれのときも、逃げずに、あわてずに、真正面からぶつかって乗り越えてきた。この経験が人間としての器を大きくした。その結果、「どんなことに出会っても動揺しなくなった」という。

33

突然のひらめきは
良さそうに思えても
案外ダメなものです。

『西郷南洲翁遺訓』

切羽詰まって頭をひねっていると、「このアイデアはいいかもしれない！」と、ひらめくことがある。

こうした偶然のひらめきは、とても素晴らしいアイデアのように思える。しかし、それをすぐに実行することはやめたほうがいい。いったん寝かせることが大事だ。その時点では客観的で冷静な判断ができないからだ。

翌朝、見直してみると、まったく役に立たない妄想だったとわかる。だから西郷は、「突然のひらめきは良さそうに思えても、案外ダメなもの」と言う。

ではどうしたらよいか？　切羽詰まってから考えているのが良くないのである。ふだんから有事のときのことを想定して考えておくのが正しい姿勢である。

「深い考えというのは、ふだん静かに行うべきものであり、そうしていれば、何かのときにも十中八九うまくいくものです」

このように言う西郷は、若いときからよく座禅をしていた。島流しにあった牢獄のなかでも、壁に向かって静かに座禅を組んでいたという。

静かに考えること――。これは西郷が有事に備えて常に行っていた心がけである。

34

相手の立場から自分を見てみなさい。
それが最高の備えになります。

『西郷南洲翁遺訓』

突然襲ってくる危機にどう対応するか？　リーダーの力量が試される場面である。

危機への対応は、それまでの備えで決まる。危機に出会ってからその場で対応策を考えているようでは遅い。ふだんからさまざまな危機を想定して十分な備えをしておくことが重要だと西郷は言う。備えが万全であれば、あわてることなく冷静に対応できる。

しかし、どんな危機が起きるのか？　自分たちはどんな危機に弱いのか？　これを想定することは簡単ではない。

徳川征伐軍を率いた西郷は、出陣にさいして兵士たちにこう話した。

「我々の軍備が十分なのか、味方の立場から見るのではなく、敵の立場に立って、これをやっつけてしまおうという目で見てみなさい。それが最高の備えになります」

自分たちにダメージを与える側の立場に立って、客観的に見る。それによって自分たちの力を正しく見極めることができる。自分たちの弱点が見えてくる。

日頃から組織全体でこうした点検をすることで、危機への備えを万全にしたい。

35

大魚を釣ろうと思えば
まず天気を見て、波を見ることです。

菅実秀『栗田元輔宛書簡』

旧庄内藩家老の菅実秀《すげさねひで》は、『西郷南洲翁遺訓』の作成に関わった人物である。西郷が征韓論争にやぶれて帰郷したおり、菅はその真意を聞くため、１８７５（明治８）年に鹿児島を訪れた。そこで西郷から打ち明けられた内容は、菅の同僚に宛てた手紙に記されているのだが、西郷の動向を監視する新政府に勘づかれるのを避けるため、不思議な「釣りの話」の形をとっている。次のような話だ。

菅が大魚を釣るのを待っていると、白髪の男（西郷）がやってきて、竿の操り方や釣り場の選び方、餌のかけ方をほめる。しかし、「釣りは極めて下手だ」と言う。それから白髪の男は、「大魚を釣ろうと思えば、まず天気を見て、波を見ること」と言う。そして、「今日の天気は悪いから、大魚は釣れない。また出直すように」と助言したという。

この話は何を意味しているのか？　つまり、いくら良いスキルを持っていても、天気のように自分の力ではどうにもならないことがある。「物事にはタイミングというものがあるんだよ」ということである。このときの西郷の真意を読み解くとすれば、征韓論争にやぶれて帰郷はしたが、あきらめたわけではないということだ。農作業をしたり温泉につかったり、穏やかな生活で何もしていないように見えるが、タイミングを待っていたのである。

そのタイミングが、新政府を相手に決起する西南戦争になるのだが、ただそれはやむにやまれず引き起こした旗揚げだった。

たとえ上司の命令でも
それが部下の苦しみになると
わかっているなら
何度でも上司を批判するべきです。

文久3年11月20日『村田新八宛書簡』

1862（文久2）年、西郷は島津久光の命令に背いた罪で二度目の島流しとなり、沖永良部島の独房に入れられた。一度目の島流しは刑罰ではなかったので、屋敷住まいで、島の女性・愛加那《あいかな》との結婚もゆるされるほど自由だったが、今度は独房から一歩も外に出ることができない。非常に苛酷な待遇で、当初、健康を悪化させ瀕死の状態に陥った。しかし、牢屋の番人・土持政照《つちもちまさてる》らの献身的な看護で救われる。

その土持政照との親交をもとにまとめられたのが、「与人役の原則」と「間切横目の原則」という役人の心構えである。これは西郷とともに処罰を受け、喜界島に流された村田新八に宛てた手紙に収められている。

西郷が訴えるのは、あくまでも「役人は人民の保護者である」という原則だ。「リーダーたる役人は人心を得るのが第一であり、人心を得るとは、自分を犠牲にして私利私欲を捨てること」とする。そして、「人民の保護者」の原則から、「たとえ代官の命令でも、それが百姓の苦しみになるとわかっているなら、何度でも批判するべき」と訴える。

この役人の原則を、現代のリーダーの立場に置き換えて翻案すれば、右のような言葉になるだろう。「部下の保護者」にあたるリーダーは、上司の命令よりも、まずは部下のことを優先して行動するべきなのである。

37

一つの弊害を取り除いても
そのあとの治め方がよくなければ
効果は薄くなります。
たとえ効果があっても、
運営がよくなければ無駄になります。

『上書―農政に関する上書』

郡方書役《こおりかた》（Ｐ１０９参照）として農業の現場をまわっていた西郷は、１８５４（安政元）年、28歳のときに藩主・島津斉彬に見出されて庭方役に昇進した。そして１８５６（安政３）年、郡方書役時代の経験をもとに農政に関する意見書をまとめて斉彬に提出した。その内容は、農政というよりも役人の心構えを説いたものが中心となっている。

たとえば、極度の不作で苦しんでいる地域に牛馬や農具を与えて救済するのはいいが、「ただ牛馬や農具を与えるだけでは復興しない」と指摘する。

大野鉄兵衛という郡奉行《こおりぶぎょう》がいる。彼は、牛馬や農具を与えた百姓に対し、縄や薪などを作らせて毎月納めさせ、それを牛馬や農具の代金にあてる計画を立てた。つまり、百姓の生活を立て直しながら返済するローンを組ませたのだ。完済したあとも、馬が病気になればかわりの馬を手配するなど、懐の深い支援をした。一度支援をしたら終わりではなく、長いスパンでさまざまな状況を想定した綿密な計画を立てて、百姓の生活を立て直していったのである。

この大野の事例をもとに、西郷は次のように進言している。

「一つの弊害を取り除いても、そのあとの治め方がよくなければ効果は薄くなります。たとえ効果があっても、運営がよくなければ無駄になります」

38

自分の身が危うくなってくると
小手先の手にたよらなければならなくなる。
しかし、それはやめるべきです。

文久2年6月『木場伝内宛書簡』

１８６２（文久２）年、西郷は上方の志士たちの誤解を解くため、島津久光の命令に背いて下関から上方に向かった（Ｐ55参照）。

このとき、伏見藩邸で堀仲左衛門《ほりちゅうざえもん》に面会している。堀は、西郷や大久保利通と同じ「精忠組」（薩摩藩内の尊皇改革派）の一人であるが、久光の側近として取り込まれ、久光の中央政界進出計画を上方でサポートしていた。

久しぶりに会った堀は、どうも様子がおかしい。堀は、浪人たちを大阪の薩摩藩邸の長屋に集めて、何やら企てているようだ。

西郷はそんな堀を見つめて言う。

「自分の身が危うくなってくると、小手先の手にたよらなければならなくなる。しかし、それはやめるべきだ」

小手先の策略で物事を成し遂げても意味がない。それよりも、誠意をもって考えることが大切である。

「誠意をもって考えつくしたことでなければ、何もできない。たとえ失敗しても、誠意をもって考えたことなら、同調する人も出てくる。だから、決して小手先の策略で物事をすましてはいけない」

西郷は堀を厳しく諭したという。

39

上の者と下の者が騙しあい、欺きあう。
こうなると仇どうしとなって
互いに憎しみあうようになります。

『西郷南洲翁遺訓』

西郷は国の税制について語る。

「税を少なくして、国民に余裕を与える。これが国力を養成する方法です」

たとえ財政が苦しくても、むやみに税を高くしない。国民の暮らしを踏みにじるようなことをしてはいけない。

歴史的に見ると、財政赤字のピンチに徴税を厳しくして立て直した為政者は、優れたリーダーとして讃えられる。しかし、よく見てみると、厳しい徴税で苛酷に虐げられた人々は、苦しみに耐え切れず、税金逃れの方策を考えるようになる。つまり、政府と国民が互いに欺きあう形になるという。

「上の者と下の者が騙しあい、欺きあう。こうなると仇どうしとなって、互いに憎しみあうようになる」

と西郷は言う。

人心は離れ、政府と国民は敵同士となる。遅かれ早かれ、取り返しのつかない破綻を招くことになる。

経営論に置き換えれば、経営が苦しいからといって、一番に賃金カットをして社員に負担を強いることは避けるべきだ。経営陣と社員の対立に発展しかねない。賃金カットの前にやるべきことがあるだろう。事業の見直しなど本質的な改善を図るべきである。

逃げ隠れまでして
生きのびようとは思わん。

文久2年6月『木場伝内宛書簡』

藩命に逆らって、月照との入水自殺に及んだ西郷は、処分として奄美大島へ流された。これに困惑したのが精忠派の同志、大久保利通である。

精忠派の面々は、水戸藩と連携して大老・井伊直弼の暗殺を考えていた。藩に迷惑をかけないように、脱藩したうえで実行する計画である。

このことを大久保は、島に発つ直前の西郷に相談した。すると西郷は、

「犬死することはない」

と制止した。

西郷だって井伊は憎い。月照が死んだのも、井伊の粛清によるものだ。しかし、暗殺に成功したとしても藩は守ってくれないだろう。罪人扱いされるだけで、家族にまで重い罪が及ぶことになる。

うなずく大久保は、言い迷いながら、別れ際に、肥後藩の改革派の家老で親交のあった長岡監物《けんもつ》のところに逃げたらどうかとすすめる。

しかし、西郷はきっぱり言った。

「逃げ隠れまでして生きのびようとは思わん」

仲間や組織を守ることを第一に考え、すべてを覚悟したうえでの行動である。それならば、たとえ理不尽だとしても、どんな処分も甘んじて受ける潔さが必要である。

41

ふだんは立派に見えても、非常時にオロオロしているようではカラクリ人形と同じです。

『西郷南洲翁遺訓』

学問に精通し、教養があり、物腰がエレガントで、いつも立派に見える人がいる。しかし、いくら立派に見えても、いざというときにオロオロしているようでは、評価はされない。

非常時に何もできなければ、「カラクリ人形と同じだ」と西郷は言う。

いくら知識があっても、その知識を生かして行動に移さなければ意味がない。ふだんから行動して、経験を積み、自力を蓄える。それによって、いざというとき、スムーズに行動に移すことができる。

数十人もの客が急にやってきても、あわてず立派にもてなすことのできる家は、それだけの調度品を常に備えているものだ。

それと同じで、突然大きなプロジェクトが舞い込んでも、あわてず対応できる組織は、日頃の備えができている。ふだんから一人ひとりの社員が実践的な経験を積んで、成功も失敗も経験し、本物の地力を蓄えているものだ。

42

貧乏のどん底にあっても
妻は愚痴一つこぼしたことはありません。

『偶成』

西郷ほど無欲な人はいない。

西郷は、新政府のなかでも最高位の参議と陸軍大将を兼任していた。それなのに、身なりは薩摩絣《さつまがすり》の着物に兵児帯《へこおび》、下駄という姿で、それで宮中晩餐会にもあらわれた。高額の月収のほとんどは困っている友人たちに渡し、東京の一等地にあった住まいは古ぼけたつくりだった。政界から足を洗って、鹿児島に帰郷してからは、ますます質素な生活に身を投じた。田畑を耕す百姓生活で、食べるものは芋飯。ご飯のなかに芋を炊き込んで、ご飯の量を増やしたものだ。望めばいくらでも贅沢はできただろうが、財産は全て私学校の維持費にあてる。「子孫のために財産は残さない」（Ｐ17参照）という家訓のとおり、妻子には何も残さなかったという。

西郷の妻はこんな生活をどう感じていたのか？

西郷には二人の妻がいた。一人目は、奄美大島の島民の愛加那《あいかな》で、一男一女をもうけた。愛加那は、貧しさと国事に奔走して家庭をかえりみない西郷に愛想をつかしたといわれる。二人目は、西郷が39歳のときに結婚した糸子である。糸子は教養があり、西郷の立場をしっかり理解し、堅実に家庭を守る人だった。糸子は、どんな貧乏生活にも愚痴一つこぼさなかったという。「名誉や贅沢など、追い求める価値なし」という西郷の思いに一途に寄り添っていた。

いっしょに仕事をする部下は何に価値を見出しているのか？　そこは見極めたい。

人は言葉や行いよりも、心を見ています。
だから人に信用されることは
とても難しいんです。

『南洲手抄言志録』

西郷が佐藤一斎の『言志四録』のなかでも大切にしたこの言葉、まさに西郷の人生のテーマといえる。言葉をすべて記すとこうなる。

「人に信じられるということはとても難しいことです。なぜなら、人はいくらうまいことを言っても言葉を信じないで、その人の行いを見て信じるからです。いや、行いよりも、心を見て信じるからです。だから人に信用されることはとても難しいんです」

一般に「良い人」と見られている人でも、本当に信用されるような人物は少ない。話が的確で、立派な行いをしていて、評判がよくても、「ただ調子がよく、良い人のふりをしているだけ」と見透かされてしまうこともある。反対に、一般には評判が悪いのに、人から絶大な信用を得る人もいる。

人が、相手を信用するかしないかは、最後は心で決まる。

西郷は、口数が多いわけではないし、目立った活躍をしたわけではない。しかし、多くの人を惹きつけ、いつも無条件に信用された。

「三百諸侯中英明第一」と謳われた第11代薩摩藩主・島津斉彬も、西郷を信用し、重要ポストに起用した。斉彬は西郷の心を見ていたはずである。そして西郷も、そんな斉彬の心を見たからこそ、純粋に尊敬していったのである。

第3章　人の導き方・育て方

44

反省している者を
さらに追いかけてたたくのは
心ない仕打ちです。

『幕命拒絶の薩摩藩上書』

1864（元治元）年、二度目の流罪から呼び戻された西郷は、軍賦役《ぐんぷやく》（司令官）に命じられた。激動の幕末において、ここから西郷が主役の座におどりでてくる。

当時、幕府の弾圧に対し、勤皇派の長州藩の志士たちは激しい抵抗を見せていた。西郷の腹のなかは長州と同じ「倒幕」だったが、いまはうかつに動けない。薩摩藩の島津久光が「公武合体」（天皇の命令のもとに幕府が政治を行う形）を目指していたからだ。

京都市中で幕府軍と長州軍が衝突した「禁門の変」では、西郷は幕府軍の主力部隊となる薩摩軍を指揮し、勝利に導いた。これに気をよくした幕府は、徹底して潰そうと、長州征伐を二度にわたって命じる。しかし西郷は、幕府の命令に従わなかった。

「先の騒動では、すでに長州藩は重役数名の首級を差し出して反省しています。それをさらに追いかけてたたくのは心ない仕打ちです」

西郷は、いつも敗者の処分に慎重だった。幕末の動乱では、多くの志士たちが決起しては捕らえられ、苛酷な刑罰を受けている。刑罰は家族や幼児にまで及んだ。西郷は自らそんな手を下す気にはなれなかった。水戸藩の反乱者「天狗党」の流罪人の受け入れを幕府から命じられたときにも、「降参して反省している者に苛酷な刑罰を与えるのは間違っている。人の道に反することです」と痛烈に批判し、はっきり拒否している。

敗者が反省していれば、赦してやる。西郷はその信念に基づいて、幕府という巨大権力の命令にも従わなかった。西郷という人間の凄みが、ここにある。

褒美は金でよい。
ポストは与えないことです。

『西郷南洲翁遺訓』

何か大きな功績をあげたとしよう。営業成績でトップになり、会社に大きな利益をもたらした社員がいたとする。普通に考えれば、そんな社員は昇格する。だから、より高いポストを与えよう」となる。

「君には実力があるし、すばらしい結果を残してくれた。だから、より高いポストを与えよう」

しかし、そうした人事は、社員の功績に報いたいという私心から行われているにすぎず、正しい判断をしているとはいえない。営業がうまいからといって、その人物が課長のポストに見合っているかというと、また別の話。営業スキルがあっても、課長に見合った人望や人格、指導力があるとは限らない。

逆に言うと、そうした目に見える功績を残していなくても、ポストに見合った優れた人物はいる。ポストは人物本位で決めるべきである。

では、功績をあげた者に褒美はないのかというと、そうではない。

「褒美は金でよい」

と西郷は言う。金ならば、その場限りですむ。本来別の基準で考えるべき組織運営への影響が避けられる。

これと同じことが、中国の古典『尚書』に書かれている。

「人物として優れた人の地位を高くし、仕事のできる人には褒美を高くする」

西郷は、まったくこの教えの通りである、と深くうなずいた。

46

心を裸にして向き合えば
きっとわかってくれます。

明治6年8月17日『板垣退助宛書簡』

徳川幕府にかわって成立した明治新政府は、改めて隣国・朝鮮との外交を築こうとしていた。当時の朝鮮を支配していたのは、数百年もつづく名門王室の李王朝である。

新政府は李王朝に何度か使節を派遣したが、まったく信用してもらえず、侮辱的な対応で追い返された。日本は「洋夷《ようい》」（西洋諸国の勢力）扱いで国交を拒絶されたのだ。

新政府は、このような朝鮮側の態度に我慢の限界がきた。１８７３（明治６）年、軍隊を釜山に派遣し、武力を背景に国交を迫ろうという「護兵帯同論」が、西郷不在の閣議で決定する。しかし西郷は、「兵士など連れていけば、必ず戦争になる」と真っ向から反対した。日本が軍隊を侵攻させる理由がないことが一番の問題だった。

西郷は、あくまで平和的解決を第一に考えていた。「政府の重鎮が礼をつくして訪ね、心を裸にして向き合えばきっとわかってくれる」と、自分を使節として派遣するように訴えてまわった。もしも厚意を示しながら接し、使節が殺されるようなことがあれば、朝鮮を討たねばならない理由ができる。

「この段階にまで持っていかなければならない」と西郷は説明した。開戦になるにしても、開戦の理由が必要である。西郷は二段構えの戦略を考えていた。

西郷は、戦争に反対しているわけではない。ただ、戦争より使節派遣を先行させようと苦心している。このあたりの複雑な事情が、西郷は武力で開国を迫る「征韓論者」であると一般に見なされる原因となっている。正確に言えば、西郷は征韓論者ではなく「遣韓論者」であった。

47

少しくらい規則をやぶっても
大目に見てください。

『上書―農政に関する上書』

西郷は18歳のときに「薩摩藩の郡方書役助《こおりかたかきやくたすけ》」となった。「助」というのは助手のことで、あとに「書役」に昇進し、27歳までこの役職についた。

郡方書役は、農村の隅々までめぐって、その年の収穫高に応じた年貢を決めていくのが仕事である。農民生活の苦しい現実を目の当たりにしながら、年貢の取り立てを迫るという、なかなか気の折れる役目だ。西郷は、青年期の重要な時期にこうした難しい役回りを経験したことで、あの慈愛に満ちた人間性が育まれたのかもしれない。

薩摩藩は、他藩に比べると規律が厳しかった。年貢の取り立ても規律にそって厳しくやる。それによって税収は上がりそうだが、薩摩藩の農政は逆に乱れていた。例外をゆるさず、規律通りに取り立てる。すると、農民たちは息苦しくなり、仕事へのモチベーションを失う。しまいには田畑を捨てて他領に逃げてしまう。悪循環に陥っていた。

「少しくらい規則をやぶっても、大目に見てください。そうして働く気力を持たせるようにするべきです」

西郷はこのように訴えていた。新たに開墾した土地では、すぐには作物は育たないので、しばらくは年貢を取らないなど、規則にしばられず、その都度、柔軟に見ていくべきだという。

農民の本当の苦しみを肌で実感していたからこそ、情けの心が深かった西郷。リーダーが見習うべき姿である。

48

まったく人間とはたよりにならない。
猫の目が変わるのと同じです。

文久3年3月3日『得藤長宛書簡』

「まったく人間とはたよりにならない。猫の目が変わるのと同じです」

これは沖永良部島の独房から、奄美大島時代に懇意にしていた得藤長《とくとうちょう》に宛てた手紙に書かれていた言葉である。

人は、良いときは良くしてくれるが、ひとたび状況が変わると急に冷たくなる。同じ気持ちを持つ仲間と思っていた人が、次の日には足をすくう敵になることもある。

いつも変わらずに信用できる人間を得ることは、なかなか難しい。

では、そんな人間たちとどうつきあえばよいか？　裏切られないようにするにはどうしたらよいか？　だまされないようにするにはどうしたらよいか？

「だますより、だまされろ」

これが西郷の答えである。

つまり、まずは自分が裏切ったり、だましたりする人間にならないこと。これが第一である。自分が裏切られたり、だまされたりすることについては考えない。人づきあいは、テクニックや論理ではない。まず自分が相手を信用してつきあうことである。

この西郷の生き方が多くの人の胸を打ち、彼のもとに志士たちが集った。自分が人を信用するからこそ、相手も自分を信用してくれるのだ。

「リーダーは自分勝手がゆるされる」
と部下に思わせてしまっては、
たちまち敵対関係になります。

文久3年11月20日『村田新八宛書簡』

役職について部下を持つと、とたんに横柄な態度になる人がいる。

何かと部下に命令する。部下はどんな無理を言われてもリーダーにそむくことができないので、嫌々ながらもしたがう。リーダーが高圧的になればなるほど、部下は萎縮し、自分にこう言い聞かせる。

「リーダーとは偉い人だし、リーダーは自分勝手がゆるされるものだ」

だからといって、部下はリーダーを尊敬しているわけではない。あくまでも形式的にしたがっているだけであって、心のなかにはリーダーに対する敵対的な感情が生まれていることがある。

部下を持ったら自分勝手をできると思ってはいけない。むしろ部下によりそうのがリーダーの役目だ。部下の苦しみを自分の苦しみとし、部下の楽しみを自分の楽しみとする。そのようでなければいけない。

「与人役の原則」（Ｐ85参照）のなかで、西郷はこのようにリーダーの心構えを説いている。

50

一人を罰することによって
ほかの人たちを律するのが刑の目的です。

文久3年11月20日『村田新八宛書簡』

刑罰は何のためにあるのか？

西郷は、「一人を罰することによって、ほかの人たちを律するのが刑の目的」と述べる。罪を犯した者をルールにのっとって適切に処理することによって、あとの犯罪がなくなればよい。人々が自ら身を慎むようになるのが理想だ。

それには、罪人の扱いに注意しなければならない。私心を交えて、軽い罪を重くしたり、重い罪を軽くしてはいけない。これでは刑罰の運用に対する信用を下げてしまう。

組織運営でも、社員が社内ルールから逸脱したり、マナー違反や業務上のミス、取り組み不足があるとわかったら、適切に注意し、場合によっては叱ることも必要だ。これを放置しておくと組織崩壊を招く。

判断基準を明確にしてしっかり運用する。私心を交えて社員によって対応を変えたり、その日の気分で対応が変わるようではリーダーとして信用を失うことになる。

51

一時的にがんばることは
ふつうの人間でもできます。

明治5年1月12日『桂右衛門宛書簡』

榎本武揚《えのもとたけあき》は、戊辰戦争で箱館（函館）の五稜郭に立てこもり、最後まで官軍に抵抗した人物である。明治新政府内では、この榎本武揚らの処分で揉めていた。薩摩人は西郷の影響から寛大にゆるすべきという意見だが、長州人は厳しく罰するべきという意見が強かった。長州人の木戸孝允《きどたかよし》などは、最後まで厳罰を主張していた。

結果的に特赦によって榎本ら全員が釈放されるわけだが、その影には、黒田清隆の働きがあったという。黒田は、西郷の命をうけて、仇敵・庄内藩の藩士にほとんど罰を与えず、寛大な処分ですませた薩摩人である（Ｐ73参照）。

当初、政府内のすべての人が榎本を「殺せ」という意見に傾いていたなか、黒田は一人憤然と「釈放」の意見を唱えていた。黒田が勇気ある声をあげたことで、徐々に寛大な処置に傾いていった。西郷は、黒田の勇気をこう評価している。

「一時的にがんばることはふつうの人間でもできます。しかし、彼のようにここまでやりつづけるのは、並の人にはとても及ばないところというべきです」

榎本は、釈放されるやいなや、黒田のもとに礼に行ったという。「敵のほうから礼にやってきたというところ、戦いに勝ったことよりも一層の重みがある」と西郷はほくそえむ。

命をつないだ榎本は、のちに北海道開拓使となり、ロシアとの樺太・千島交換条約を締結させるほか、各大臣を歴任し、新政府のために身を捧げた。

割れた茶碗は
もとには戻りません。

『西郷南洲翁遺訓』

ミスを引きずる人がいる。ああすればよかった、こうすればよかった、と後悔ばかり。しかし、起きてしまったことは、もとには戻らない。

西郷は言う。

「ミスについて後悔し、それを取り繕おうとすることが多い。しかし、それはまるで割れた茶碗のかけらを集めて接ぎ合わせるようなもので、何の意味もありません」

割れた茶碗は決してもとには戻らない。

いつまでも後悔しているのではなく、「自分のミスをさっぱり捨てて、新しい一歩を踏み出せばいい」と西郷は力強く背中を押す。「自分がミスをしたとわかれば、それでいい」と。

つまり、割れた茶碗のかけらを集めるのではなく、そんなものは、さっさと捨てろというのだ。かわりの茶碗はいくらでも見つかる。

竹を割ったような性格で、常に前向きな西郷らしい言葉である。いつも後悔ばかりして、後ろ向きの部下がいたら、ぜひ伝えたい。

53

救援はあとから送る。

『西郷隆盛人間学』

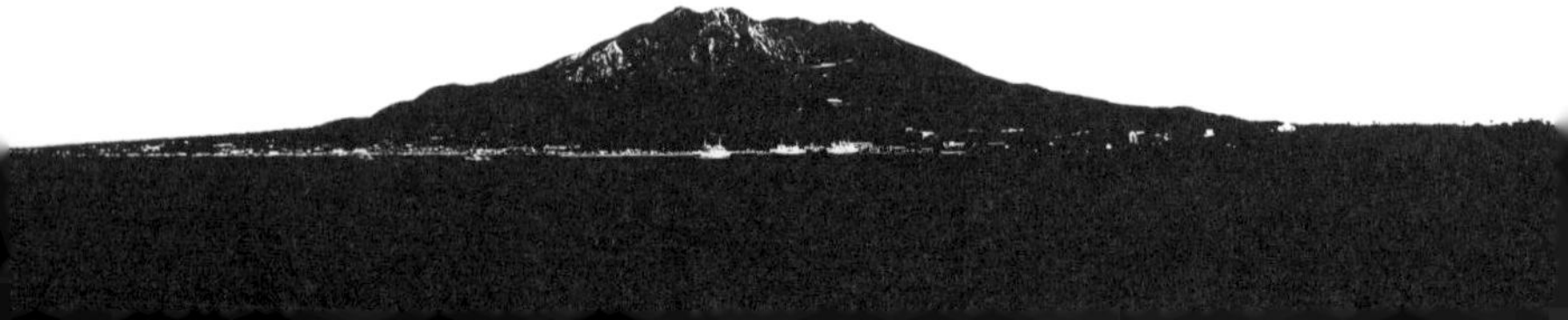

１８６７（慶応３）年12月9日、王政復古の大号令が出され、明治新政府が立ち上がった。この時点で江戸幕府は廃止。ただ、最後の将軍・徳川慶喜は虎視眈々と巻き返しの機会をねらっていた。翌１８６８（明治元）年1月3日、大阪城内に集結した旧幕府軍は京都に進軍し、鳥羽の関門に迫る。これを防ぐため薩摩軍が砲撃。鳥羽・伏見の戦いが勃発した。

このときの旧幕府軍の軍勢は1万５０００。これに対し薩摩軍はわずか１５００程度。薩摩軍は圧倒的に不利で、たちまち窮地におちいった。

西郷のもとに伝令がやってくる。早急に救援を送ってほしい、と。ところが西郷は笑って言う。

「お前たちはそこで討ち死にしなさい。救援はあとから送る」

それを伝え聞いた薩摩兵たちは、自分たちだけでやるしかないと腹をくくり、すさまじい気迫で盛り返した。当時、幕府の大軍を前にしても一歩も引かない薩摩軍の勇士は大いに讃えられた。

初戦をものにした薩摩軍は、翌4日、官軍のあかしとなる「錦の御旗」をいただき、それを見た諸大名が次々に官軍に加わる。旧幕府軍は完全に劣勢に立たされた。6日、顔を真っ青にした慶喜はこっそり城をぬけだし、船で江戸に逃げてしまった。

結局、官軍の圧倒的勝利で終わった鳥羽・伏見の戦い。その影には、あえてギリギリまで追い込んで最大の力を引き出すという、西郷の巧みな人心操縦術があったのである。

54

無礼なことはしない。

『西郷隆盛　命もいらず名もいらず』

薩長同盟をへて幕府との対決姿勢を鮮明にした西郷。しかし、これで薩長が有利になったわけではない。幕府はフランスを味方につけて軍事力を蓄えていて、もしイギリスまでもが幕府側についたら、勝ち目はなくなる。

そこで西郷は、イギリスをしっかり薩摩側につなぎとめておくため、いわゆる「接待」を行っている。1866（慶応2）年6月、英国艦隊のクーパー提督と駐日英国公使パークスを鹿児島に招き、贅をつくしたもてなしをした。

その後、西郷は薩摩藩代表として旗艦プリンセス・ロイヤル号を訪れる機会があった。

しかし、英国側の態度は気持ちのいいものではなかった。本国側から反幕府勢力を応援するように指令がきているからとはいえ、彼らには薩摩側に協力してやっているという気持ちがあって、それが横柄な態度となってあらわれている。

とくにパークスは、傲慢な振る舞いが目にあまった。西郷を前にしても、机の上に足をやりながら話す。西郷は、そんなパークスにがっかりしたが、仕方なく自分も机の上に足をのせた。するとパークスは、「なんだその態度は！」と怒りだす。

西郷は諭すように言った。

「おたがい無礼なことはしないことです」

自分に非があったことに気づいたパークスは、素直にあやまって姿勢を正したという。

たとえどんな相手にも、同じような気持ちと態度で接すること。これが西郷の教えである。

55

誰もが何かしらの才能があります。
ですから、その才能を生かしてあげなさい。
ただ、あまり重い責任を
おわせてはいけません。

『西郷南洲翁遺訓』

西郷が、「天下で畏れるべき人物はただ一人」と言ってあげた人物が、藤田東湖《とうこ》である。水戸藩の重臣であり、水戸学の大学者。天皇を中心とした国家の建設を目指す全国勤王派の精神的支柱である。

1854（安政元）年、西郷は藩主・島津斉彬について江戸に上ったとき、小石川の水戸屋敷で東湖に面会する機会を得た。

東湖は、一点の曇りもなく維新に向けた事業に熱烈に取り組む。西郷はすっかりその姿勢に感化され、東湖もまた若き西郷の度量の大きさに驚嘆した。以来、二人の交流がはじまった。

そのなかで東湖から授けられたのが、右の言葉である。たとえ有能ではなくても、普通の人間にも何かしらの才能がある。だから普通の人間を用いることは重要である。

ただし、「あまり重い責任をおわせない」というのはポイントだろう。そこまでの器量がないのに、あまりにも重い責任をおわせてしまっては組織にとって良くないし、本人にとっても良くない。その見極めはリーダーの仕事である。

ところで、二人の交流は東湖の死によってわずか1年ほどで終わってしまった。1855（安政2）年、安政の大地震で、老母を助け出そうとした東湖は、建物の下敷きになり圧死してしまった。しかし、東湖が描いた理想と熱い魂は、しっかりと西郷の心に受け継がれ、やがて大きく芽吹くのである。

56

教育を忘れたら、もはや何もできない。

『西郷南洲翁遺訓』

国を治める大原則として、西郷は「忠孝」「仁愛」「教育」の三つをあげている。

忠孝とは、自分を守ってくれる人に対する真心である。仁愛とは、広く人々を慈しもうという愛である。そして、これら忠孝と仁愛をきちんと教育することが基本となる。

これはいつの時代にも通じる普遍的な原則であって、東洋でも西洋でも変わらないと西郷は言う。

教育を忘れた国は、もはや国ではない。また、国に限らず、どんな形の組織でも、教育を忘れたら、もはや組織としての未来はないと思わなければいけない。

忠孝と仁愛を育てる教育をつねに忘れずにつづけていかなければ、人間としての成長がなく、組織は腐敗する。いくら技術や能力が優れていても、人間として教育されていなければ、社会から受け入れられないのである。

第4章　物事を成し遂げるための戦略

57

明確なビジョン。
それを実現する強い決意がなければ、
成功しません。

『西郷南洲翁遺訓』

リーダーが明確なビジョンを持っていなければ、組織というのはまとまらない。どんな事業を行うのか、どんな人材を使うのか、ビジョンがなければ何も決まらない。

さまざまな意見を民主的に聞くことはもちろん大事だが、それにふりまわされているようでは、何も前に進まない。すべての意見を採用することは不可能である。

実行するものは実行し、そうでないものは却下する。リーダーには、ビジョンにそってはっきり決断していくことが求められる。また、昨日言っていたことが、今日になったら変更されているようでは、部下からもクライアントからも信頼を得られない。

西郷は、いちどビジョンを決めたら、それを実現する固い決意がなければ何事も成功に導くことはできないと説いている。

倒幕にしても、廃藩置県（P165参照）にしても、西郷は、いちど「これだ！」と決めたら、その目標に向かってまっすぐに物事を進めていった。

西郷には、明確なビジョンと固い決意があった。

土壇場になって
あれこれ考えても無駄です。
迷わず第一歩を踏み出しなさい。

『西郷南洲翁遺訓』

いよいよ実行に移す段階になって、あれこれ悩むリーダーがいる。

「この方法で本当にいいのか？　もし失敗したらどうしよう」

「もう少し状況を見極めたほうがいいんじゃないか」

「もしかしたらもっといい解決法があるかもしれない」

こうした迷いの心は、病気のようなもので、かえってトラブルを振りまく、と西郷は注意をうながしている。

リーダーが最後まで迷っている姿を見たら、周囲が不安になるし、そこから実行に移したところでいい結果は得られないだろう。

良いアイデアかどうか、優秀な人材がそろっているかどうか、そんなことよりもある意味、最後の決断のあり方が成否を左右すると考えるべきだ。そもそもリーダーの迷いの心は、ふだんの備えの不十分さに起因するものだから、改めなければいけない。

反対に、リーダーが腹をくくり、気持ちよく決断を下すことができれば、物事はうまくいく。多少の不安要素もクリアできるはずだ。

土壇場になってあれこれ考えても無駄。迷わず第一歩を踏み出すことである。

ものごとを思い切って断行するとき、
勇気だけで断行するのは危険です。

『南洲手抄言志録』

リーダーの一番の仕事が、決断することである。ときには、思い切って断行することもあるだろう。しかし、断行するにしても、そこに根拠がなければいけない。

たとえば、自分たちの理念や正義を守るという道徳的な理由から断行する。あるいは、予算的には厳しいが、データの分析によって成功するという合理的な理由が得られたことから断行する。きちんとした根拠があれば、断行するという判断は間違っていない。部下も納得する。

しかし、何の根拠もなく、たんに「勇気」だけで突っ走るのは危険である。

事業が好調で、部下の意欲も高まっていることから、その流れにのって根拠もなく断行してしまう。あるいは、事業的には先が見えず追い詰められているが、もしかしたら局面を打開できるかもしれないと思って断行してしまう。

それを勇気ある断行と言えば聞こえはいいが、実際は愚策でしかない。

断行するには根拠が必要だし、その後の見通しや戦略を持っておくべきである。そうでなければ、ただの無責任なリーダーになってしまう。

60

兵器はみだりに動かすものではありません。

『上書―第二次征長出兵を断る文案』

薩長同盟によって、長州は敵から味方に変わった。少し前までは京都で敵と味方にわかれて戦っていたが（禁門の変）、土佐藩の坂本龍馬の仲立ちで手をにぎったのである。

そんなことも知らず、幕府は諸藩に対して長州征伐軍への参加を命じた。第二次長州征伐である。もはや薩摩はこれに応じることはない。たおすべき敵は、幕府だからだ。

この第二次長州征伐への出兵を拒否する書簡の文案が残っている。西郷が書いたものだ。そこにあるのが、この言葉。

幕府は、長州には容易ならざる企てがあると、ふたたび討伐を命じているが、これは討伐の理由になっていない、と西郷は批判する。

そして、「兵器はみだりに動かすものではありません」という古来の戒めを示す。

兵器を動かせば、混乱が生じる。だから、よほどの理由がないかぎりやめるべきだ、ということ。長州討伐の理由はないし、世の中の人たちも討伐を望んでいない。権力者自らが混乱を生じさせるようなことはゆるされない。もはや世の中の人たちを騙せるような状態ではない。権力者の醜態をさらすだけ、と西郷は警告する。

ときに為政者は、国内で力が衰えると、外国との危機を演出して軍を動かし、問題への関心をそらそうとするが、戒めるべきことだ。

リーダーは、へたに事を荒立てないことが大切である。周囲を刺激するような行動は、不必要な問題を生じさせることがある。よほどの理由がないかぎり慎むべきである。

収入以上の支出をしないこと。
これ以外に方法はありません。

『西郷南洲翁遺訓』

なんだかんだ言って、すべての事業のはじまりにはお金がある。政治でも会社経営でも、結局は「お金」が肝になる。お金の扱いはとくに慎重にしなければいけない。

収入と支出からなるお金の流れのなかで、基本的な原則は一つしかない。

「収入以上の支出をしないこと。これ以外に方法はありません」

西郷はこのように言う。つまり、収入が明らかになったら、それを上限として、その上限のなかで各事業に予算をわりふる。収入ありきの考え方だ。

「世の中の景気に流されて、上限をでたらめにして予算をつくり、それにあわせて収入を得ようとすると、人々が苦労して得た財産をしぼりとるほかなくなります」

売り上げの見当も立てず、でたらめな予算を組むと支出がふくれあがる。そうなると、その支出をまかなう収入を得ようと、社員に高いノルマを課して無理に追い込んだり、人件費をけずったり、「人」に負担をかけることになる。

現在の会社経営では、見込みの売り上げなどをもとに予算計画を立てる形になるだろうが、売り上げ目標値が現実とかけ離れた数値にならないようにしたい。そして、最終的に収入以上の支出にならない見通しを立てること。これが原則である。

完成図ができてからはじめなさい。

『西郷南洲翁遺訓』

何か新しい事業に取り掛かるときは、マーケティング・リサーチをもとに、コンセプトを固め、製品やサービスの「完成図」を描いてから、実行にうつす。このような手法は、現代では比較的当たり前と言えるだろう。

幕末に生きた西郷も、このような手法をきちんと認識していた。彼がすでに近代的な感覚を持っていた証拠と言えるのではないか。

西郷はその生涯のなかでいくつもの厳しい局面をくぐりぬけているが、場当たり的なやり方ではなく、いつも明確な「完成図」を持っていたことがうかがえる。

たとえば、倒幕の最終局面では、武力行使によって幕府を完全に無力化するという「完成図」を描いている。坂本龍馬らの働きかけで、将軍・徳川慶喜は政権を天皇に返上したが（大政奉還）、これには含みがあって、慶喜は新政権の議長におさまる道を模索していた。これをゆるしては実質的に幕府の権限が残り、何も変わらない。西郷や長州藩士らは、王政復古の大号令を出して、旧将軍が政権に入り込む余地を排除した。さらに、慶喜の官位と領地を没収。これによって幕府の挙兵をうながし、武力行使の口実をつくろうとしたが、幕府もなかなか慎重で動かない。すると西郷は、500人ほどの浪士を集めて、江戸市中で放火や略奪をさせ、旧幕府を挑発した。さすがに怒った慶喜は、ついに薩摩討伐の兵を挙げる。あとはシナリオ通りである。鳥羽・伏見の戦いをへて、江戸城開城まで一気に進んだ。

西郷には明確な「完成図」があった。だからこそ、一手一手に迷いがなかったのである。

63

先方がわざわざ来たんだから
俺も会いましょう。

『西郷南洲翁遺訓』

地位が高くなればなるほど、会う人を選ぶようになる。自分の地位に見合った人でなければ会わなくなるものだ。しかし、本当に魅力的なリーダーというのは、どんな相手に対しても自ら歩み寄る姿勢がある。しかも、会った相手の気持ちを変えてしまうところがある。「この人についていきたい」「この人と仕事がしたい」と思わせてしまうのだ。西郷は、まさにそんなリーダーだった。相手が誰だろうと、さっと会ってしまう。

禁門の変（１８６４年）では、薩摩藩と会津藩の連合軍が長州軍を討ち負かしたあと、朝廷から第一次長州征伐の命が出るのだが、西郷は長州藩に降伏条件をのむように全権委任で交渉に出かけた。

小倉まで来たところで、ある人物が宿をたずねてきた。「寺石貫夫」という名前だが、誰も見たことも聞いたこともない男だ。そんなやつに会う必要はない。周囲は追い払おうとした。ところが、西郷はこう言った。

「先方がわざわざ来たんだから、俺も会いましょう」

あらわれたのは、土佐藩を脱藩した勤皇の志士・中岡慎太郎だった。禁門の変では、長州側で参戦して負傷している。名前を変えてやってきたのは、西郷を刺すためだった。

ところが中岡は、西郷に会ったとたん、その知的で寛容な人がらに惚れ、刺し殺す気持ちなどなくなってしまった。中岡が土佐藩の板垣退助に宛てた手紙にはこう書いている。

「西郷ほどの大人物はわがほうにもいない。京都以西で第一の英雄」

64

ないものをあげつらっても仕方ない。ただ自分がさげている提灯こそが大事なんです。

『西郷南洲手抄言志録』

鹿児島に帰郷してからの西郷は、私学校のほか、吉野開墾社で若者の教育にあたった。吉野開墾社は、半農半学の教育機関で、昼間は農耕作業、夜は座学を行う。

座学の教科書の一つとなったのが、『西郷南洲手抄言志録』である。

『西郷南洲手抄言志録』の「素行」という条には、こうある。

「いまが貧しくても、その境遇のなかで道を行うことができないならば、将来裕福になったとき、必ずおごり高ぶってしまう」

逆もしかりで、

「裕福な境遇のなかで道を行うことができなければ、将来困難にぶちあたったときに、必ずあわてふためいてしまう」

つまり、いまある状況にふりまわされず、自分の道を見失わずに取り組める人間になることが大切、ということだ。

同様に『西郷南洲手抄言志録』にはこんな言葉も収められている。

「ないものをあげつらっても仕方ない。ただ自分がさげている提灯こそが大事である」

65

処世術を使うべきではありません。

『西郷隆盛　人を魅きつける力』

島津斉彬とその弟・久光のあいだで藩主の後継争いが起きたとき、斉彬派の家臣が弾圧されるという事件が起きている（お由羅騒動）。西郷は斉彬派。同郷の幼馴染の大久保利通も斉彬派である。この弾圧により、利通の父・利世は喜界島に流され、利通自身も記録所の職を解かれている。

島津斉彬が藩主となり、西郷は取り立てられるが、斉彬は早くに亡くなってしまい、実権は久光に移った。ふたたび斉彬派が抑圧される時代となり、西郷は島流しの憂き目を味わう。西郷にとって、久光は一貫して敵だった。

ところが利通は、西郷とは違った。久光が囲碁が好きだというと、好きでもない囲碁を習い、久光に接近。そこから利通は、久光に取り立てられ、出世街道を突き進む。久光へ接近したのは、自分のためだけでなく、仲間のためでもあった。同じ志をもつ精忠組の人間を取り立ててもらい、西郷を島から呼び戻させた。

利通に助けられた西郷だが、納得はいっていない。

「処世術を使うべきではない」

と、利通のやり方に真っ向から反対した。

目的を成し遂げるためには、ときには利通のように権力におもねり、懐に入り込むことも一つの方策だろう。しかし西郷は、そんな生き方を良しとしなかった。

66

うまくやろうとしないことです。
正々堂々とやる。これが近道です。

『西郷南洲翁遺訓』

問題が起きると、ちょっとした策略を用いて、その場を切り抜けようとすることがある。自分たちのミスで失敗したものを、何か理由をつくって外的要因のせいにする。あるいは、ミス自体をひた隠しにする。その場さえ切り抜けられれば、あとはどうにでもなると思っている。しかし、西郷はこうした態度をゆるさない。

「いちど策略を使うと、その弊害は必ず起こってくるものであり、失敗するに決まっています」

狭いこの業界、自分たちのミスが原因だったことは、いずれバレる。ミスがバレれば、その組織の信用はなくなる。いちど失った信用を回復するのはたいへんなことだ。また、ミスをいくら隠そうとしても、いずれ発覚する。ミスをしたうえ、それを隠していたとなれば、相手を二重に裏切ったことになり、信用回復はもはや不可能だろう。

西郷はこのように言う。

「策略を用いず、正々堂々とやる。これが近道です」

ミスをしたら正直に謝り、すぐに信用回復に努める。一見、遠回りのように思えるが、地道に王道を突き進んだほうがかえって早くうまくいくものだ。

ふだんから策略を用いていると、
いざというときに効果が得られません。

『西郷南洲翁遺訓』

西郷は、策略を用いることを完全に否定しているわけではない。どうしても勝たなければならない重要な場面では、綺麗事ばかり言っていられず、最終的には策略を用いないわけにはいかなくなる。

ただ、ふだんから策略を用いていると、いざという大事なときに策略の効果が得られないので注意したい。

古代中国、三国時代の軍略家・諸葛亮孔明でさえ、平時にあっては決して策略を用いなかった。策略を用いればいくらでも相手を打ち負かすことはできただろうが、ふだんは王道を行ったのである。ところが、大事な戦になると、さまざまな策略を打って敵を欺き、ことごとく勝利をたぐり寄せた。

孔明の策略は、味方の犠牲を最小限に抑えるもので、そこには勝利という結果以上に重要な意味があった。策略とは、こうあるべきだろう。

西郷の場合、つねに政争や戦に巻き込まれながらも、策略という策略を用いた形跡はない。常に王道を行った。そして西郷は、そのことを誇りとしていた。

68

損得に走りすぎるな。

『西郷南洲翁遺訓』

ビジネスでは売り上げを立て、利益を出さなければならない。事業の前には算盤をはじいて、損得の見通しを立てる。そして計画的に進める。しかし、いつもいつも損得ばかり気にしていると、お金のことしか見えなくなってしまう。

もう一度、自分に問いかけてみよう。仕事の本質は何だろうか？　利益を出すことが目的なのか？　本当は仕事を通して成し遂げたいことがあるはずである。そのためには損得勘定抜きに突き進むべきときもある。

西郷が残念な例としてあげるのは、普仏戦争（１８７０〜１８７１）で敗戦したフランスだ。フランスは、30万の兵と３ヶ月の兵糧を残したまま、ろくに戦うこともなく降伏してしまった。兵隊の命と財産を失うより、敗戦を受け入れたほうがいいと計算したのである。かわりに国家としての誇りはズタズタになった。

ビジネスに置き換えれば、ライバル企業と競う重要なプロジェクトなのに、事業計画で損得の見通しを立てたら、たいした利益が望めないとわかって、戦わずして撤退するようなものである。これではいけない。それぞれの企業や組織には、自分たちのアイデンティティともいうべき絶対に譲れない事業があるはずである。それはたとえ損失が出ても、誇りをかけて守るべきである。

ときには損得勘定抜きで戦う。それによって社員の士気が高まり、将来的な成長につながる可能性がある。

いままでやってきたことだからと
あちこちで無駄な経費を使うのは
賢い人なら恥ずべきことです。

慶応元年12月6日『蓑田伝兵衛宛書簡』

第二次長州征伐の命令に背き、幕府への対抗姿勢を鮮明にした西郷。1866（慶応2）年1月、いよいよ薩長同盟が結ばれる。

これ以前から西郷は、江戸の薩摩藩邸を引き払うように藩庁に主張していた。幕府と戦う以上、参勤交代はしないだろうし、藩邸も必要ない。

「天下は割拠の姿になりました。まだ戦争がはじまっていないだけで、いつはじまってもおかしくない」

このような現状分析のもと、幕府の嫌疑におびえる必要はないと訴えた。

ところが薩庁は、何かと理由をつけて、藩邸引き払いを先延ばしにする。藩の役人たちは、江戸の藩邸詰めになれば、お金も自由に使えるし、好きなように遊郭で楽しむこともできるから、藩邸は残しておきたいのだ。

これを見透かした西郷は、手厳しく非難する。

「いままでやってきたことだからと、あちこちで無駄な経費を使うのは、賢い人なら恥ずべきことです」

組織の従来の慣例にしたがい、無反省に無駄な出費をしてはいけない。つねに見直すところは見直し、限られた経費を重要な事業や設備にあてる。無用の出費を省き、有用を第一とするべきである。

最初の方針を貫くことができないのなら
あとあとまでの汚辱になると考えなさい。

明治6年8月3日『三条実美宛書簡』

明治新政府は、はじめから征韓の方針を持っていた。なんども朝鮮政府に開国を求めたが、交渉を拒否されたため、武力をもって開国を迫るという方針だ。

１８７１（明治４）年、岩倉大使一行が欧米視察に出発する。その直前の閣議でも、征韓の方針が改めて確認される。ただし、岩倉大使一行が帰国するまでは、新しい国家的事業は行わないという約束もされた。

留守を任された西郷たちは、朝鮮問題を議論する。西郷は、朝鮮に出兵する前に、まず使節を派遣し、朝鮮の無礼を非難するべきだとした。そして、自分が使節として派遣されるよう、閣議で決定するように説いてまわった。そのなかで、太政大臣の三条実美《さねとみ》に対する手紙にはこのように書かれている。

「最初の方針を貫くことができないのなら、あとあとまでの汚辱になると考えます」

当初の政府の方針通り、征韓を貫くように訴えている。

ただこのとき、三条らは岩倉大使が帰るまで待とうと、決定を引き延ばそうとしている。まさに国家的事業に関わることだからだ。

岩倉らが帰国するまえに閣議決定したいと焦る西郷。岩倉らが帰れば、当初の方針がやぶられる可能性を感じとっていたのだろう。

恨みは自分が引き受けます。

『西郷隆盛　命もいらず名もいらず』

1871（明治4）年、岩倉使節団が海外視察に出かける。この間、留守内閣の首班をまかされたのが西郷である。

国政の重要な決定はしないという約束をしていたが、現実的には課題山積でそうもいかない。西郷は重要な社会的改革をいくつも行った。学制発布やキリスト教解禁、田畑永代売買解禁、華士族と平民の結婚許可、人身売買の禁止などである。封建的な制度を取り払い、自由と平等を推し進めた。

福沢諭吉などは、この時代は言論も自由だったと高く評価している。反対に、使節団が帰国してからは厳しい言論弾圧がはじまったことを嘆いている。

西郷がこの期間に施行したものの一つに徴兵令がある。満20歳に達した男子に兵役の義務を定めたものだ。これに対しては、「士族の志願兵のみによって構成するべきだ」という意見もあった。旧士族は武士の特権を剥奪され、行き場を失っている。彼らを活用してやるべき、という考えである。西郷も、それはよくわかっていた。しかし、近代国家の軍隊としては、従来の身分秩序を断ち切り、欧米列強のような徴兵制をとるほうがいい。

「恨みは私が引き受けましょう」

と言って、徴兵令を決定した。

廃藩置県（P165参照）のときと同じである。強いリーダーシップで改革を推し進めたのである。

72

意見が聞き入れられないのなら辞表を書くまでです。

『変革のリーダー70の力』

朝鮮との外交問題をめぐり、西郷を使節として派遣することで閣議決定した。しかし、海外視察から帰国した岩倉具視《ともみ》や大久保利通、伊藤博文らの裏工作にあい、西郷の派遣計画はつぶされる。岩倉らは、まだ20歳前後の明治天皇に働きかけ、閣議決定した西郷使節派遣を否認させたのだ。

裏工作を知った西郷は、怒りを通り越して、あきれはてた。このような汚い手を使う連中とはいっしょに仕事はできない。

「意見が聞き入れられないのなら、辞表を書くまで。国に帰って百姓でもやります」

と言って、あっさりと政府の要職を放棄した。

政府のなかには、反西郷派がいた。真面目で人望があり、大きな実権を持つ西郷は目障りになっていた。彼らは内心、西郷の辞職を喜んだだろう。

しかし、西郷の辞職は新政府にとって大きなダメージとなる。西郷につづいて、板垣退助や後藤象二郎など有能な人物が辞職し、軍隊からも辞表を提出する者があいついだ。

そのチームにプロジェクトを実行できる能力も意志もないとわかれば、そこに拘泥する必要はない。外に出るという判断もときには必要である。

73

なんの地位も人脈もなければ、
実現することはできない。
あざわらいを受けるだけです。

『西郷隆盛　人を魅きつける力』

1862（文久2）年、大久保利通の働きかけもあって、島津久光は西郷の流罪をとく。久光は、藩内に人望があり対外的に顔がきく西郷を活用したいと考えていた。

久光は西郷を呼び出し、率兵上京計画を説明する。大軍を率いて京都を制圧し、勅使をいただいて江戸城に行き、幕府の政治を改革する。幕府と天皇家が協力して外国勢力に対抗しようという「公武合体論」を実行にうつすのだ。

この計画は、西郷が信奉する亡き島津斉彬の考えでもあった。西郷に反対する理由はないはず。久光はそう思っていた。

ところが西郷は、赦免についての礼の言葉もなく、こう言った。

「それは確かに斉彬さまの考えていた企てです。しかし、あなたさまは、恐れながら田舎者であられるゆえ、無理でございます」

なんだと！　久光は、キッと眼光をむいた。西郷はかまわずつづける。

「あなたさまは、無位無冠。大名の父というだけ。斉彬さまのような、ご懇意にされている同志もいません。それで江戸城に参られても、あざわらいを受けるだけです」

このとき久光がくわえていた煙管には歯型がくっきり残っていたという。西郷に本当のことを指摘され、悔しさを押し殺していたのだ。

どんなに立派な計画であっても、それに見合った地位と人脈がなければ実現は難しい。西郷は、そのことを知っていた。

74

根回しなど無用。

『上書―農政に関する上書』

1871（明治4）年7月9日、東京・九段坂上の木戸孝允の邸宅で密議が開かれていた。議論のテーマは、政治改革の一番の肝となる廃藩置県をどう進めるかだ。

廃藩置県とは、従来の261の藩をつぶし、3府（東京・京都・大阪）302県（のちに72県）に置き換えるもの。旧藩主たちの力を完全に排除し、明治政府を中心とした中央集権国家をつくりあげるにはどうしても必要な改革だった。しかし、うまく諸藩を説得して合意を得なければならない。へたしたら抵抗する藩が出てきて内戦に逆戻りしかねない。どうやって諸藩を説得するのか？　木戸や大久保利通など、薩長の首脳たちは頭を悩ませた。

すると、それまで黙って聞いていた西郷が、突然低い声で言い放った。

「根回しなど無用！　一方的に宣言してしまえばいいです」

一同、目を丸くした。

段取りは木戸と大久保がやれば、あとのことは自分が責任を持つという西郷。もし騒ぎになれば、「兵を率いて討ちつぶすまで」と不敵に言う。

大変革をやるときには、綺麗事など言っていられない。ときに常識やぶりの大胆さと強引さが必要なのだ。

こうして廃藩置県は半ば強引に断行される。廃藩置県がなければその後の近代化は遅れたと言われ、倒幕よりも廃藩置県にこそ西郷の功績があると評される。

75

チャンスとは、努力の積み重ねた先にあるものです。

『西郷南洲翁遺訓』

チャンスは偶然にやってくるものではない。

たとえば、上司がたまたま手のあいていた若手社員を指名して、大きなプロジェクトを担当させ、成功させる。それをきっかけに、彼は同期のなかで一番の出世をする。

こんなとき、

「あいつは、いいチャンスをつかんだよな」

と言うだろう。しかし、彼がチャンスをつかんだのは、ただの偶然ではない。

西郷は、「チャンスとは、努力の積み重ねた先にあるもの」と述べている。つまり、努力を積み重ねているからこそ、ついに機が熟して、成功のきっかけが訪れるのである。チャンスをつかむ人は、影で努力しているということだ。

そんな努力によって実力をつけていることを見ているからこそ、上司はその社員を指名するのだ。

もちろん、努力もしていない人が、たまたま成功することもあるかもしれない。しかし、「ただ勢いにのって成功した事業は、決して長つづきしない」と西郷は言う。一回きりの成功で、そのあとは衰退する。だから、「チャンスをつかんだ」とは言えないのだ。

言論をもって目的を達成できるとは
信じておらず
自ら権力をにぎってから成し遂げます。

『西郷隆盛　命もいらず名もいらず』

征韓論争にやぶれ、西郷とともに官職をやめた大物の一人が板垣退助である。

維新当時、政府は薩長出身の政治家によって固められていたが、１８７４（明治７）年１月、板垣は国民が選んだ政治家で運営する議院をつくるべきだとして「民撰議院設立建白書」を政府に提出した。これが自由民権運動のはじまりとなった。

板垣は西郷に対し、この建白書を連名で提出しようと誘った。ところが西郷は、「言論をもって目的を達成できるとは信じておらず、自ら権力をにぎってから成し遂げます」と断った。

西郷は、岩倉使節団が海外視察中、留守内閣のなかで板垣らと議論し、国会の開設や憲法制定の準備にとりかかっている。だから、断る理由はなかったはずである。

しかし西郷は、目標から逆算して実現可能な方法を考えた。海外視察帰りの大久保利通政権は、言論弾圧を強め、権力の独占傾向を強めている。建白書を提出したところで無視されるだけだろう。ならば、現政権をつぶし、自ら政権を奪還したほうが手っ取り早いと考えていたふしがある。

西郷は、理想は理想として持ちながら、あくまでもそのときどきでもっとも現実的な戦略を考えていたのである。

77

ものごとには必ず「原因」と「勢い」がある。この二つを見分ける必要があります。

『西郷南洲翁遺訓』

ものごとには必ず、原因と結果がある。

なぜそのような結果になったのかを分析するとき、ふつうは原因を探す。しかしもう一つ、そこには「勢い」というものがあると西郷は言う。

たとえば、あるサービスを半額にしたら客足が伸びたとする。この場合、客足が伸びる結果をもたらした原因は、サービスを半額にしたことだ。

その後、価格をもとに戻してサービスをつづけ、それでも客足が伸びたとする。この場合、客足が伸びる結果をもたらした原因を見つけることは難しいのだが、これこそが「勢い」と言える。はっきりした原因はないが、好調がつづいたのは「勢い」のおかげだ。

この「原因」と「勢い」の違いは、すでに終わったことなら見分けられるかもしれない。しかし、現在起きていることとなると、なかなか見分けにくい。「原因」と「勢い」は完全に無関係なものではなく、ゆるやかにつながった性質のものだからだ。

きちんとした「原因」があって好調なのか、それとも、ただの「勢い」なのか。つねにこれを見極めないといけない。

「原因」があって好調だとわかれば、さらにそれを「勢い」につなげるための戦略を考える。「勢い」だけで好調なのであれば、勢いが終わったあとの対策を考える。「勢い」を「勢い」と認識していなければ、対応を誤るおそれがある。

78

徳があれば
結果的に富がもたらされる。

『代表的日本人』

西郷は、中国の春秋時代の歴史書『春秋』の注釈書『春秋左氏伝』をもとに、「生財」というタイトルの文章を残している。「徳」と「財」の関係を考えたものだ。それによると、「徳が多ければ、財はそれにしたがって生じる。徳が少なければ、同じように財もへる」という。

経済学的に言えば、逆のような気もする。たとえば、「徳」の気持ちをすてて、自分の儲けを増やすことだけを考えれば、できるだけ原価をおさえて、高く売る。それによって売り上げも儲けも伸びると考えるだろう。しかし、原価をおさえると、どうしても商品そのものの価値は下がる。価格に見合った価値がないとなると、「消費者を騙しているのでは」と思われてしまい、売り上げが伸びない。儲けも伸びないおそれがあるのだ。

一方、純粋に消費者に喜んでもらいたいという「徳」の気持ちを持って、大事なところはしっかりコストをかけて商品をつくる。価格はそれなりのものになるだろう。しかし、その価値に見合った価格で、「消費者のためを思ってつくられている」というのが伝われば、評判が広がり、自然と売り上げも儲けも伸びるだろう。

だから、「徳に励む者には、財は求めなくても生じる」という西郷の言葉は、決して理想論ではない。

また、徳のある人は自分の生活を切り詰め、「財」を困っている人におしみなく与えるという。それで自分が苦しくなるかというと、そうではなく、「財は泉から水が湧き出るように、自分のもとに流れ込む」という。

第5章　知性と心の磨き方

79

あらゆる事業を成功に導くには
何よりも自らの心を
磨かなければいけません。

『西郷南洲翁遺訓』

「あらゆる事業を成功に導くには、何よりも自らの心を磨かなければいけません」

西郷はこのように唱える。

「心を磨く」とは、どのようなことか？　それは、自分を育ててくれた父母に感謝し、先祖を敬い、家族を愛し、さらには、共に生きている世の中のさまざまな人々を大切に思う心を育むことである。

だれもがこうした心を持って、進むべき道がはっきりしていれば、国家の事業でも会社の事業でも、必ず正しい方向に向かう。

人間が行うすべてのことは、まずは、自らの心を磨くことからはじまるのだ。

心を無視した事業は、精神が宿らず、失敗する。どこかで成功している事業を真似してやってみても、「なぜ自分たちがそれをやらなければいけないのか」という問題が考えられていないので、うまくいかない。流行を無闇に取り入れていては、自分を見失い、心がすさんでいくだけだ。

自らの心を磨く。そして、自分に問いかける。この根本を忘れてはいけない。

80

相手を嫌う。
その心は封印しなさい。

『西郷南洲翁遺訓』

リーダーは、いささかも「私心」をさしはさんではいけない。あらゆる点で「公平」でいなければいけない。西郷はこのように説いている。

人間だから好き嫌いがあるのは当然である。好きな部下がいれば、嫌いな部下がいる。しかし、その好き嫌いの気持ちは決して表に出してはいけないし、当然、仕事の場面に持ち込んでもいけない。

相手を嫌う。その心を封印するのである。

リーダーは、あくまでも公平な視点でその人物を評価する。そして、その任務や役職に最適な人物を選ぶ。

好き嫌いではなく、実力で評価する。それがわかれば、社員は納得して、どんな人事にも不平を言わないし、やる気も高まるだろう。ところが、好き嫌いで人事が決まっていると知ったら、不満が高まり、やる気もなくす。

仕事に「私心」を持ち込まない。リーダーは、くれぐれも気をつけなければいけない。

人をだますことはできるかもしれないが、
天をだますことはできないのです。

『譴居偶成』

「人をだますことはできるかもしれないが、天をだますことはできない。私は天をあおいで、はずかしく思うようなことはしない。ましてや、人に対してはずかしく思うようなことはしない」

西郷の深い決意がにじみでている。

1863（文久3）年、36歳の西郷は、沖永良部島の独房で、辛苦の極地でもがき、耐えていた。辛酸が骨にまで染みとおり、自分の本当の姿が見えてくる。ほとんど悟りの境地である。このとき書きつけた詩の一部が、冒頭の言葉である。

刑罰を恨んでも仕方ない。不運を嘆いても仕方ない。人の裏をかいたり、策略を仕掛けたり、だましたり、だまされたり……。そんなことに気をとられているようではいけない。西郷は、人間世界を超えたところに本当の自分の生き方を見つけた。

出所後、維新を先導する西郷は、策略らしい策略を用いていない。一点の曇りもない清浄な気持ちで、ただひたすら王道を突き進むのである。

82

自分の傷の痛さがわかるから
他人の傷の痛さもわかる。

『西郷隆盛　人を魅きつける力』

１８６８（明治元）年、鳥羽・伏見の戦いで勝利をおさめた官軍は、西郷の指揮のもとで江戸に迫る。そんな3月9日、幕臣の山岡鉄太郎が面会を求めてやってきた。彼は、「主人の徳川慶喜に対する寛大な処分をお願いしたい」と頭をさげる。しかしこの時点では、だれもがこの戦争の帰結は慶喜の切腹にあると信じていた。西郷でさえ、そう思っていた。

西郷は思案し、山岡に「江戸城の明け渡し」など、５つの条件をつきつけた。そのなかの最後の条件に、「慶喜を備前へ預けること」があった。この備前藩というのは倒幕派で、もし慶喜が預けられれば、毒殺されるおそれがある。山岡は、きっぱりと言った。

「最後の1点だけはお受けできかねる。島津公が同じ立場だったら、西郷どのは承知いたしますか？」

西郷は山岡をじっと見つめる。山岡が背負ったものの大きさが痛いほどわかった。

「わかった。慶喜公については、私が責任を持って引き受けよう」

慶喜は寛大に処分され、水戸に隠居となった。

そして3月14日、西郷・勝会談（Ｐ37参照）で江戸城無血開城が決まる。実はこれ、西郷・山岡会談でほぼ固まっていたことで、形だけの会談だったのだ。

流罪など多くの苦難を味わい、「自分の傷の痛さがわかるから、他人の傷の痛さもわかる」と言った西郷。そんな西郷だからこそ、山岡の命がけの訴えに呼応できたのである。

わがまま勝手な自分を見つめ
反省していると
囲炉裏の炎のうえの雪がたちまち
溶け去るように迷いが消えていきます。

『失題』

毎日があわただしくすぎていく。何かにせきたてられるように忙しく働く。もはや、自分を振り返る時間などないだろう。

リーダーなら、人に強く指示したり、非をきつくとがめたり、反省をうながしたり、ということがあるかもしれない。ただ、それらの自分の言動は正しかったのだろうか。人を傷つけたりしなかっただろうか。ときには自省する時間も必要だろう。

西郷は、静かに自省する時間を大切にした。

ここに掲げた言葉は、そんな自省する西郷が書いた漢詩の一部である。

寒さが厳しい夜更けに、机の前に座って勉強していると、わがまま勝手な自分を見つめ反省することがある。すると迷いが消え、自分が恥ずかしいと思うようなことに行き当たる。相手にすまなかった。これからは改めようと思うのだ。

自省することがなくなったら、ただ相手を責めるだけのつまらない人間になってしまう。自省することで、そこに成長のきっかけがあるのだ。

84

学べばいいというものではないのです。

『西郷南洲翁遺訓』

「学問をするときには、視野を広く持つことと、自分に打ち克つことが重要です」

西郷は、このように説いている。

ある分野を極めようとすると、その世界にこもって、自己満足のためだけに学問をしてしまうことがある。自分が身につけた学問によって、世の中に貢献しようという考えもない。学問のための学問になってしまうのだ。しかし、学問とは本来、人を幸せにするためのものである。狭い専門分野にこもらず、つねに広い視野を持って世の中と向き合う姿勢が求められる。

また、学問ばかりしていると、自分自身の修練がおろそかになる。「他人のわがままをゆるすかわり、自分のわがままをゆるしてもらおう」などという甘い気持ちになりがちだ。そうではなく、自分に打ち克つという強い気持ちを持つことが大切である。

西郷は言う。

「志を持ってその道に進もうとする人間は立派ではあるけれど、自分ばかりを偉いと思い込み、他人への思いやりがなく、自分さえよければいいという態度に陥りがちです」

学べばいいというわけではないのだ。学問をするときには心に留めておきたい。

85

8割うまくできても、
残りの2割でしくじる人が多い。
うまくいきはじめると
驕りが出てくるからです。

『西郷南洲翁遺訓』

「人間とは、自分に打ち克つことで成功し、自分を愛することでしくじるものです」

西郷は、こう断言している。

何か大きな事業に取り組むとき、能力があれば、だいたい7、8割のところまではうまくできるものである。しかし、いくら能力があっても、残りの2、3割をきちんとやり切れる人というのはなかなかいない。

なぜかというと、はじめのうちはプロジェクトを成功したいという純粋な思いで謙虚に取り組むが、そのうち実績が上がり、周囲から賞賛を受けるようになると、それに満足して、驕りが出てくるからだ。当初の純粋な思いと謙虚な姿勢がなくなり、驕った態度で自分勝手にふるまい、自分の名誉を高めることに執着してしまう。そうなると、必ず事業はつまずく。残りの2、3割を成し遂げることができなくなるのだ。

結局、このような失敗というのは、自分を愛することによって招かれる。だから、最後まで周囲の声に惑わされず、自分に打ち克つ気持ちを持つことが大切である。

86

日常の雑用をバカにしてはいけません。

『南洲手抄言志録』

仕事にはどうしても雑用がつきものである。コピーや書類整理、単純入力作業などはどうしてもやらなければならない。管理職ならば、秘書か誰かにたのめるかもしれないが、一般の社員は自分で雑用もこなさなければならない。

この雑用、バカにはできない。雑用にこそ仕事に対する姿勢があらわれる。たとえば、数種類のペーパーを順番に重ねた資料を数十部作るとなると、雑用といえども簡単な仕事ではない。作業に要する時間や書類の美しさは、人によってかなりの差が出てくる。単純入力作業にしても、作業時間や誤字脱字の多さに必ず差が出てくる。

こうした雑用を手際よく完璧にこなせる人もいれば、そもそもやる気もなく、手をぬいてまともにできない人もいる。両者の差は、その後の仕事にもあらわれる。

いくら高い目標を掲げていても、日々の雑用を満足にこなせないようでは、どんな仕事もうまくいかない。雑用ができないということは、仕事の細部に目がとどかないし、目立たないところで手をぬくおそれがあるからだ。それが重大な失敗を引き起こすおそれがある。

西郷は、日常の小さな作業の積み重ねを大事にしていた。細部ができなければ、大きな仕事もできないのである。

87

本の蟲になるなよ。

『西郷隆盛人間学』

戊辰戦争をしずめ、薩摩に戻った西郷は、１８６９（明治２）年、弟の西郷小兵衛《こへえ》など５人を選び、京都の春日潜庵《かすがせんあん》のもとへ遊学させることにした。春日潜庵とは、勤皇派の陽明学者で、西郷が教育者として高く評価していた人物である。

陽明学の始祖・王陽明は、「何を学ぶかも大事だが、志よりも先にたつものはない」と言っている。潜庵も、人間形成において志をたてることの重要性を説いていた。

そんな潜庵のもとへ送り出すにあたり、西郷は５人にこう忠告している。

「本の蟲になるなよ」

京都には学問をしにいくのだが、本ばかり読んでいてもらっては困る。わざわざ京都まで行くのだ。机にじっとしているのではなく、できるだけ多くの体験をしてもらいたい。潜庵のもとで、見ること、聞くこと、考えること、そのすべてが財産となる。

それらが、立派な志をたてる助けになる、と西郷は考えていた。

自分に打ち克つことで
人間は成功するのです。

『西郷南洲翁遺訓』

「自分に打ち克つことで人間は成功するのです」

西郷が繰り返し説くこの言葉。西郷に言われるまでもなく、誰もがわかっていることではある。しかし、わかっていても、自分に打ち克つことはなかなかできない。

「自分に打ち克つ」というと、強い精神力で困難を乗り越えていくイメージがあるが、西郷が言いたいのは、そういうことではない。

では、どういうことか？　そのヒントは、『論語』のなかの「意なし、必なし、固なし、我なし」というフレーズにある。

「意」とは、私利私欲のことで、自分さえよければという考えである。

「必」とは、私利私欲を絶対的に押し通そうとすることである。

「固」とは、自分の考えに固執して、他人の意見を聞き入れないことである。

「我」とは、我をはることで、他人の気持ちを理解しようとしないことである。

この四つのエゴはだれもが持っているものだろう。これらのエゴを断ち切り、周囲と調和した寛容な人間像を目指す。これが「自分に打ち克つ」ということである。それによって、人間としての成功が見えてくるのだ。

89

朝食をとらないと昼に空腹を感じる。
これと同じように、
若いときに学ばなければ
年をとってから物事の判断に迷う。

『西郷南洲翁遺訓』

「朝食をとらないと昼に空腹を感じる。これと同じように、若いときに学ばなければ、年をとってから物事の判断に迷う」

これもまた佐藤一斎の『言志四録』から西郷が学んだことである。

学問というのは、たんに知識や技術を身につけることだけが目的ではない。学問を通してさまざまな考え方やものの捉え方を身につけ、物事を鋭く見通す力を養うことができる。実践的な学問では、さまざまなタイプの人間と協働する力を磨くことができる。あるいは、学問を通して、世の中をよりよくしていこうという志が育つ。

若いときに真剣に学ばないと、こうした学問で得られる能力や志がないまま仕事をすることになる。はじめはそれでもいいが、自らの判断がその後の運命を左右するような大事な局面にぶつかったとき、学問の経験が浅い人は判断に困ることになる。それが大きな失敗につながるおそれがある。

また、インプットとアウトプットでいうと、学問というインプットがあるから、仕事のアウトプットの質が高まる。インプットがないと、アウトプットの質は低下する。その意味でいうと、年齢を重ねたら学ばなくていいということではない。つねに学びつづけ、インプットをしておくことで、アウトプットの質が保たれるのだろう。

人の身体には老人と若者の違いはあるが、
心には老人と若者の違いはありません。

『南洲手抄言志録』

「人の身体には老人と若者の違いはあるが、心には老人と若者の違いはありません。また、身体の動きには老人と若者の違いはあるが、物事の道理を行ったり考えたりすることには老人と若者の違いはありません」

いくら年をとっても豊かな心を持つことができるし、きちんとした道理を持つことができる。だからいつまでもそのための学びと努力を怠ってはならない。西郷は加齢からくる足腰の衰えは自覚していただろうが、心は磨きつづけられると確信していた。

確かに年齢を重ねると、若いときのように体力で押し切るようなことはできなくなる。体力の衰えによって気持ちまで萎えてしまうような錯覚もある。

しかし、心の働きは年齢と関係ない。心が老いていると感じたら、それは自ら年齢を言い訳にしているだけではないか。

「年をとって老いるのではなく、理想を失うことで老いるのである」

これはアメリカの詩人で実業家のサミュエル・ウルマンの言葉である。いつまでも理想を持ちつづけることで、心は若々しくいられるのである。

雪にたえてこそ
梅の花は美しく咲くのです。

明治5年『外甥政直に示す』

これは、西郷の妹コトの三男・市来《いちき》政直がアメリカに留学するさいに、西郷が書き与えた詩の一節だ。

西郷は、「いったん引き受けたならば、どこまでもただ一筋に貫き通すべきである」と記し、どんな困難がふりかかっても、くじけてはいけない、と説く。そして、「豪傑は貧しい家に生まれ、立派な事業というのは多くの困難をへてはじめて世にあらわれる。雪にたえてこそ梅の花は美しく咲き、霜をへて楓は真っ赤に紅葉する」

と、美しく繊細に歌った。

楽をして成し遂げられることなどない。物事には必ず困難がつきまとう。困難を乗り越えるからこそ、すばらしい結果がえられるのだ。

45歳のときに書いたこの作品は、西郷自身も気に入り、あちこちで書き与えていたようだ。政直は、この詩を胸に刻み、１８７２（明治５）年、海をわたった。

留学から帰った政直は、１８７７（明治10）年、西南戦争に身を投じた。しかし薩摩軍は劣勢にたたされる。

西郷は、将来のある政直の命をおしんで、投降するようにすすめる。しかし、彼は聞かなかった。いったん引き受けたこの戦いを、一筋に貫き通したのである。

政直は、最後まで西郷とともに戦い、命を落とした。

92

生きるにしても死ぬにしても
それは天が与えてくれるものです。

『獄中有感』

西郷は、獄中作の詩でこう吐露している。

「志士たちはみな死んでしまい、自分だけがひとり南の島でのうのうと生きている」

これは、西郷が生涯を通して抱いた感慨だろう。勤皇の僧・月照と入水したときも、自分だけが息を吹き返してしまった。

そしてこの詩には、「生死は天が与えてくれるもの」とある。西郷の死生観がここにあらわれている。これを理解するには、西郷が流罪中に村童たちに教えた『孟子』を読むといい。そこには、「命が短いとか長いとかいうが、これは別物ではなく、本来一つなのだ」と教えている。つまり、人間は命が短いとか長いとかにこだわり、生をおしみ、死を憎むものだが、これはみな、人間的な知恵から離れられないところからきている。命に短いも長いもない。命は天から与えられたもので、天命のままに生きて、天からさずかったまま返す。ただそれだけである。それがわかっていれば、人間は天とともに一体となって、もはや生も死もない存在となる。生死に惑わされる必要もない。

いわば、命を天にあずけきる境地だ。

実は、この詩を刻み込んだ石碑が東京・大田区の洗足池のほとりにたつ。結句が「願わくは魂魄を留めて皇城を護らん」とあることから、「留魂碑」とよばれる。西南戦争で自決し賊の汚名を着せられてからわずか2年後、1879（明治12）年に建てられた。

建立したのは、晩年、西郷の名誉回復に尽くした勝海舟である。

93

責めにあえばあうほど
志はますます固くなっていきます。

文久3年9月26日『米良助右衛門宛書簡』

「責めにあえばあうほど、志はますます固くなっていきます。小人どもの拙策にすぎぬと、笑ってはおるのですが」

沖永良部島の獄中で書かれたある手紙に、こう記されている。

ここでの「小人」とは、西郷を流罪にやった島津久光を指しているのだろう。前藩主・島津斉彬に比べて、度量も品格も知恵もない人間だとして、西郷はあからさまに見下している。

そんな久光のもとで二度目の流罪となった。これほど責められていれば、どこかで心は折れてしまいそうなものだが、西郷は違う。責めにあえばあうほど、志を固くするのだ。

どのような人間になりたいのか、どのようなことを成し遂げたいのか、志がしっかりとしている人間というのは、人からほめられても、人から責められても、それに一喜一憂することはない。

志があれば、やる気がわく。責められれば責められるほど、逆にその気持ちが強くなるものなのだ。

プライベートでも
他人に聞かれて恥ずかしい言葉は
使わないものです。

『西郷南洲翁遺訓』

「ライフワークバランス」などのスローガンで、オンとオフの切り替えが大切にされるようになった。リーダーにも、プライベートな時間は大切である。ただ、オフの時間になった途端、発言の様子が変わるようでは困る。「プライベートな場面だからといって何を言ってもいいわけではない」と西郷は言う。

西郷が紹介するのは、中国宋代の学者で政治家の司馬温公の言葉だ。

「自分には、いっしょに寝ている女性に話していることで他人に話せないようなものは少しもありません」

司馬温公の言う「他人に話せないようなもの」とは、たとえば、見栄を張った言葉や他人への悪口、恨み、妬みの言葉などだろう。プライベートな付き合いで、しかも自分のパートナーとベッドにいるとき、気を抜いてそんな言葉を並べたとしてもだれも咎めない。しかし、そんな場面でも自分の気持ちをセーブすることを忘れてはならないということだ。

「だれにも見られていないところでも、慎みの気持ちを忘れずに行動する」という心がけが大切なのである。これは、司馬温公のみならず、孔子の教えにも見られることだ。

日頃の暮らしのなかでも、慎みの心を持つ。これができたからといって、ビジネスの成功につながるわけではないし、リーダーとして成功するわけでもない。ただ、そんなこととはまったく関係なく、人として実践したい。

95

私たちは、身体の具合はよく気にするが肝心な心の具合を気にしません。

『南洲手抄言志録』

現代人は身体の具合をよく気にする。少し頭が痛いとなれば、医者に診てもらい、鎮痛剤をもらって、会社を休んで安静にする。肩こりや腰痛となれば、こまめにマッサージ院や鍼灸院に通い、徹底的にケアする。

しかし、肝心な心の具合は気にしているだろうか？　自分の心に治すべきところはないのだろうか？

佐藤一斎は、ためしに自分にこんな問いかけをしてみてほしいと言っている。

「誰も見ていないからと、やましいことをしていないか？」

「不正をしなかったか？」

「恥をかかなかったか？」

「心は平穏で楽しくあったか？」

就寝前のひととき、今日１日の自分の足取りを検証しながらこんな問いかけをしてみる。西郷はよく座禅をして心をしずめたが、現代人は自分の心を見つめ直す時間が必要だろう。

日々反省することで、心の健康を保つことができる。「病は気から」という。心が健康であれば、身体の不調も減るはずだ。

まず自分の身を正そう。

『西郷隆盛人間学』

明治維新をへて、欧米列強に学びながら近代国家の体制をつくりあげた日本は、大陸への領土的野心をふくらませる。日清戦争や日露戦争をへて、朝鮮半島、さらには満州に進出する。ところが、そこでは国家の姿を正そうという機能が欠けていて、坂道を転がるように戦争の泥沼にはまり、無条件降伏という最悪の結末をむかえる。

もしも西郷隆盛という人間が生きていて、国家の舵取りをしていたなら、強引にでも誤った道を正したのではないか。日本が独善に陥ってほろびるような愚策をとらずにすんだのではないか、という見方がある。

「まず自分の身を正そう」

というのは、西郷が大切にしていた価値観である。まずは自分の心をつつしみ、自分本来の志を見つめることからはじめる。

西郷は新政府に反発し、鹿児島で軍人を教育して組織化した。新政府にとっては驚異と映り、ついには西南戦争で謀反人に仕立て上げられてしまった。しかし、国家を正す役割をになう人物はほかになく、西郷の死は日本の大きな損失となったと言っていい。

ときに組織は熱に浮かされたように突っ走るときがある。しかしそんなときこそ、もう一度原点に立ち返り、身を正すことが必要だ。

正しくあれ。
恐れるな。

『代表的日本人』

西郷は、つねに「正義」を基準においた。

「正義が広く行われること」

これが文明国家の定義だった。正義を行うために国家をつくる。正義のない国家なら、国家を維持する必要はない。自分の命や国家よりも、正義の実現を重視した。

だから西郷のなかには、いっときの平和を維持するため、みじめに外国の意向にしたがうという選択肢はなかった。たとえ国家の存続があやうくなるとしても、政府は正義の道にしたがうのが本来の姿であると考えた。

正義を貫くには、ときに勇気が必要となる。自分や仲間や家族に犠牲をしいることがあるからだ。しかし、正義を貫く人は強い人である。尊敬を集めるのも事実だ。

イギリスの駐日大使ハリー・パークスも、西郷のことを誰よりも尊敬した。

「正しくあれ。恐れるな」

正義を貫くとき、恐れる必要はないのである。

98

雲霧をはらいのけ
照り輝く太陽を仰ぎ見なさい。

『南洲手抄言志録』

人の心というのは、本来、太陽のように照り輝くものでなければならない。西郷はこのように考えていた。

しかし、心のなかに次の四つの悪が生じると、雲や霧がたちこめたように、輝く太陽が見えなくなってしまう。

一つ目は「克《こく》」。人に勝とうとすること。

二つ目は「伐《ばつ》」。自らの功績を誇ること。

三つ目は「怨《えん》」。人を怨むこと。

四つ目は「欲《よく》」。欲をむさぼること。

自分の心を見つめてみよう。克・伐・怨・欲に犯されていないだろうか。

これらの悪を一つひとつ取り除くことで、もやもやしたゆがんだ心は晴れていく。ふたたび輝く太陽を仰ぎ見ることができるはずだ。

いつでも心を照り輝く太陽のように保っておきたい。そのためには、ときには大自然のなかで本当の太陽を拝むことも大切である。西郷は、つねにその人生のなかで鹿児島の自然を愛し、温泉や田園をめぐることで、太陽のような心を保っていた。

自分のために死をおしまない人が
千人いれば
リーダーはつとまる。

『西郷隆盛人間学』

いくら素晴らしいビジョンや理想を語ることができても、それを実現できなければ意味がない。西郷は、口先ばかりで実行力のない「口頭の聖賢」を嫌った。

何事も最後は「人」の力がものをいう。

いくらビジョンや理想に共感しても、それを語る人間を信頼できなければ、協力しようとは思わない。逆に、信頼している人間が語ることならば、多少の考えの違いがあったとしても、協力してついていこうと思う。

西郷の後輩の薩摩藩士・種田政明は、明治新政府の陸軍少将に昇進したとき、西郷にこう尋ねている。

「陸軍少将として、どういう心がけでいたらよろしいでしょうか？」

西郷の答えはこうだ。

「お前のために死をおしまない兵が千人いれば少将はつとまる」

なかなか厳しい激励である。しかし、これが真実だろう。

少将がいくら命令を出したところで、兵が少将を信頼していなければ、いざというときについてこない。

人に信頼される人柄は、１日にしてできるものではない。会う人、会う人を魅きつけた西郷の人柄でさえも、その裏には日々の努力の積み重ねがあった。

100

誠実さは秘めた胸のうちにある。
そこがしっかりしていれば、
どこに行っても強いんです。

『代表的日本人』

誠実であること。これも西郷が重視したことだ。

「心が清く誠実であり、志を高く持っていれば、どのような困難な状況に直面しても、道は開かれていきます」

西郷はこのように述べている。

困難に直面したとき、知恵をはたらかせて、相手をだまして切り抜けようなどと思ってはいけない。いつも相手をだましている人間は、いざというときに打つ手がなくなる。

自分さえよければいいという利己心で、不誠実なやり方をしていたら、一時的にはしのげるかもしれないけど、必ず人生において取り返しのつかない失敗をする。

「誠実さは秘めた胸のうちにある。そこがしっかりしていれば、どこに行っても強いんです」

西郷の言葉だ。

リーダーはあらゆる危機にのぞまなくてはいけない。そんなときこそ、誠実さを忘れずに行動することである。

おわりに

坂本龍馬は西郷のことを「小さく打てば小さく響く、大きく打てば大きく響く」と評している。西郷は、相手の力加減にあわせて心地よく響くのである。

西郷は人の話をよく聞いた。西郷は公武合体から倒幕へと立場を変えたように、そのときどきで柔軟に思考を変えていったのだが、それができたのも、自分の信念を押し通すことよりも、周囲の人間との関係を重視し、人の意見をていねいに聞きながら一つの方向を見出すということをしていたからである。

また、人に求められれば、必ず応じた。心から嫌っていた薩摩藩の実力者・島津久光からの依頼にも、求めに応じて仕事をしたし、明治新政府に入るつもりはなかったのに、求めに応じて参議や陸軍大将をつとめた。反乱者となった鹿児島の若者たちの求めに対しても、おそらく本人の意志に反して、その象徴になることを引き受けた。

打てば必ず響く。西郷は人の意見を聞かないことはないし、人の要求をこばむことはないのである。

西郷はなぜこのような度量の大きさを身につけたのか？　それは月照との入水自殺で自分の命だけが助かったという体験が影響しているのかもしれない。一度は死んだ身である。だから、自分の命を必要としている人にささげて生きようとした。

そんな生き方だから、地位や身分、名声、報酬にはまったく興味がなかった。ともするとリーダー的な人間ほど、地位や身分、名声、報酬へのこだわりを強めてしまう。しかしこれらは結果であって、あとからついてくるものだ。目的にしてはいけない。

エゴを押し出すよりは、エゴを排して、人のために、社会のために自分の命を生かしていく。これこそが、西郷流のリーダー像といえる。

最後に、本書をまとめるにあたり、彩図社の栩兼紗代さまには大変お世話になりました。日頃のご理解とご助力に心から感謝いたします。

2017年11月　沢辺有司

【主要参考文献】

『勝海舟と西郷隆盛』（松浦玲、岩波書店）
『西郷隆盛　命もいらず名もいらず』（北康利、ワック）
『西郷隆盛語録』（奈良本辰也、高野澄、ＫＡＤＯＫＡＷＡ）
『西郷隆盛伝説』（佐高信、ＫＡＤＯＫＡＷＡ）
『西郷隆盛人間学』（神渡良平、致知出版社）
『西郷隆盛　人を魅きつける力』（童門冬二、ＰＨＰ研究所）
『西郷南洲遺訓―附・手抄言志録及遺文』（山田済斎編、岩波書店）
『佐藤一斎「南洲手抄言志録一〇一ヵ条」を読む』（福田常雄、致知出版社）
『代表的日本人』（内村鑑三、鈴木範久訳、岩波書店）
『人間学言志録』（越川春樹、以文社）
『話し言葉で読める「西郷南洲翁遺訓」』（長尾剛、ＰＨＰ研究所）
『変革のリーダー70の力』（山元清則、展望社）

【著者略歴】

沢辺有司（さわべ・ゆうじ）

フリーライター。横浜国立大学教育学部総合芸術学科卒業。

在学中、アート・映画への哲学・思想的なアプローチを学ぶ。編集プロダクション勤務を経て渡仏。パリで思索に耽る一方、アート、旅、歴史、語学を中心に書籍、雑誌の執筆・編集に携わる。現在、東京都在住。

パリのカルチエ散歩マガジン『piéton（ぴえとん）』主宰。

著書に『吉田松陰に学ぶ　リーダーになる100のルール』『図解　いちばんやさしい哲学の本』『図解　いちばんやさしい三大宗教の本』『図解　いちばんやさしい古事記の本』『図解　いちばんやさしい地政学の本』『ワケありな映画』『ワケありな名画』『ワケありな本』『ワケありな日本の領土』『封印された問題作品』『音楽家100の言葉』（いずれも彩図社）、『はじめるフランス語』（学研教育出版）などがある。

西郷隆盛に学ぶ
最強の組織を作る100のルール

平成29年12月21日　第一刷

著　者　沢辺有司

発行人　山田有司

発行所　株式会社　彩図社
東京都豊島区南大塚3-24-4
MTビル　〒170-0005
TEL：03-5985-8213　FAX：03-5985-8224

印刷所　シナノ印刷株式会社

URL：http://www.saiz.co.jp
https://twitter.com/saiz_sha

ISBN978-4-8013-0267-9 C0034